ORTHOGRAPHE ABSOLUE

DITE

ORTHOGRAPHE D'USAGE

Par M. Clopin

Professeur.

QUATRIÈME ÉDITION.

GRENOBLE,
CH. VELLOT ET COMP., LIBRAIRES,
Rue Lafayette 14.

1844.

EXTRAIT DU CATALOGUE DE PRUDHOMME.

Bibliothèque classique.

Cette bibliothèque se composera de la réimpression des ouvrages nécessaires aux études pour le grade de bachelier ès lettres.

Ces nouvelles éditions seront toutes enrichies de notes biographiques, historiques et littéraires, toujours en harmonie avec les connaissances exigées.

Auteurs français.

RACINE. Esther.. 30 c.

Athalie.. 30

Auteurs latins.

TACITE. Premier livre des Annales............ 76

Ouvrages divers.

ALPHABET des enfants religieux (ou les Saints), contenant le tableau des principaux saints dont ils sont tenus de souhaiter la fête à leurs parents. Paris, 1828, 1 vol. in-12, broché : avec figures coloriées,   75 c.
Sans figures,   30 c.

AVENTURES de Télémaque, les trois premiers livres pour leur application à la langue française, d'après la méthode universelle. 1829, 1 vol. in-12, cart.,   30 c.
— Les six premiers livres, in-12,   40 c.
— Les mêmes, avec le résumé de Lastérie,   50 c.
Le Télémaque complet, belle édition, in-12,   1 fr. 20

FABLES nouvelles en prose, à l'usage de la jeunesse, contenant des principes de morale, etc.; in-18, cart.,   60 c.

Le recueil de ces fables a été composé pour servir de livre de lecture élémentaire à de jeunes élèves. Chaque fable forme une leçon qui intéresse par son petit drame et grave dans la mémoire de l'enfant une moralité qu'il n'oublie pas, parce qu'elle est liée à des faits qui ont vivement excité sa curiosité.

Ce livre est adopté dans un grand nombre de pensions et d'écoles primaires.

HISTOIRE du Dauphiné, à l'usage des écoles primaires, par M. Crozet. 2e édit.; 1 vol. in-18, cartonné,   50 c.
Edition de luxe,   1 fr.

Indépendamment des connaissances historiques que les élèves pourront y puiser, ils trouveront de grands sujets d'enseignement dans les traits de courage, de vertu, de noble indépendance, dont brille notre histoire. Ces leçons parleront avec d'autant plus de force à leurs jeunes âmes, qu'elles seront données par nos pères. *(Avis de l'éditeur.)*

LE CHRÉTIEN instruit sur la religion et formé à la

pratique de la vraie piété, avec les vêpres du dimanche et des principales fêtes. 1 vol. in-24, reliure basane, 60 c.

Excellent petit ouvrage rempli de la plus saine morale, et qu'on donne en lecture dans les écoles, en même temps qu'il sert de livre d'église; l'approbation diocésaine en a été faite en ces termes:

« Ce livre est très-propre à faire goûter les vérités qui y sont traitées, tant par la facilité du style, que par l'onction que le respectable auteur a su y répandre. »

NOUVELLE Instruction des jeunes gens, ou Leçons de morale pour tous les âges; contenant les devoirs de l'homme envers Dieu, envers lui-même et envers la société, etc., etc., par J. L. P. Grenoble, 1839, 1 vol. in-18, cartonné, 1 fr. 5 c.

Il règne dans cet ouvrage beaucoup d'ordre et de clarté. Les raisonnements en sont solides et cependant à la portée de tout le monde; courts et cependant toujours clairs.... Nous croyons donc cet ouvrage utile, et nous en recommandons la lecture.

(*Extrait de l'approbation donnée à ce livre par Mgr l'évêque de Grenoble.*)

OFFICE (l') de la sainte Vierge, suivant la réformation du saint concile de Trente, avec une méthode très-facile pour apprendre à lire à la jeunesse en peu de temps; 1 vol. in-18, broché, 25 c.

PÈRE Maurin (le), ou Conseils d'un maire de campagne aux jeunes gens de sa commune sur la morale, l'économie et la politique, par Durand Laîné. Grenoble, 1833, 1 vol. broché. 1 fr. 50

— Le même; 1re partie seulement, 2e édit. Grenoble, 1835, in-18, cartonné, 50 c.

PETIT Cours de législation à l'usage des écoles primaires. Grenoble, 1835, 1 vol. in-18, cartonné, 50 c.

Ce petit volume renferme les éléments de toutes nos lois, des modèles et instructions pour tous les actes.

Il contient en même temps les meilleurs principes de morale dans leur application à la vie sociale.

RÈGLEMENT pour les enfants qui fréquentent les écoles chrétiennes. Grenoble, Prudhomme, 1 vol. in-24, broché, 10 c.

— Le même, cartonné, 15 c.

RÉSUMÉ de la méthode pour l'enseignement universel, suivi des six premiers livres des Aventures de Télémaque, pour leur application à la langue française, par le comte DE LASTEYRIE. Grenoble, 1829, 1 vol. in-12, broché, 50 c.

SCIENCE (la) du bonhomme Richard et Conseils pour faire fortune, avec une notice sur Benjamin Franklin et les statuts de la caisse d'épargnes de Grenoble; brochure in-18, 20 c.

Tout est réuni dans ce livre pour inspirer de bonne heure aux enfants des idées d'ordre et d'économie, et pour leur apprendre, quand ils auront fait des épargnes, à les conserver.

SECOND Livre de lecture, morale du jeune âge, à l'usage des écoles primaires, par A. LACHAPELLE; 4e édit. Grenoble. 1842, 1 vol. in-18, cartonné,   25 c.

La Morale du jeune âge est déjà classée parmi les meilleures publications dédiées à l'enfance. Son cadre est bien simple : l'auteur se propose d'apprendre aux enfants quelles sont les vertus et les qualités qui doivent faire l'ornement de leur âge, et combien ils doivent fuir les vices et les défauts qui trop souvent le déparent. Le style en est très-simple, familier et attachant.

ENSEIGNEMENT de la langue maternelle, par JACOTOT. Paris, 1829, in-8o, broché; au lieu de 4 fr. 50,   2 fr. 50

GRAMMAIRE française d'après les principes généraux du langage mis à la portée des plus jeunes intelligences, par ROBERT. Cette grammaire est suivie du panorama des conjugaisons françaises, au moyen duquel on peut conjuguer tous les verbes, même les plus irréguliers. Grenoble, 1835,   1 fr. 25
Le panorama seul,   40 c.

OMNIBUS du langage; 5e édit. revue, corrigée et augmentée d'un grand nombre de locutions, d'un tableau de prononciation, d'une liste des principaux mots latins, italiens, anglais, etc., introduits dans la langue française. Paris, 1833, 1 vol. in-18, broché,   75 c.

TRAITÉ d'orthographe absolue; EXERCICES pratiques, ou Suite de dictées, ayant pour but de familiariser les élèves avec l'application des règles, et de leur apprendre la signification d'un grand nombre de mots. 2e édition, 1 vol. in-12, broché,   2 fr.

Ces exercices, à l'usage des professeurs, contiennent des dictées à faire aux élèves sur chaque règle du traité d'orthographe, afin de les exercer à l'application des principes qu'ils ont déjà appris par cœur.

Petites poésies du cœur.

LES VŒUX de l'enfance, ou Recueil de compliments pour le jour de l'an et les fêtes anniversaires, et de morceaux propres à orner la mémoire de la jeunesse, suivi de lettres en prose sur le même sujet; in-18, br., 60 c.

LE JOUR de l'an, Recueil de compliments et de modèles de lettres; 1 vol. in-18, broché,   30 c.
— Le même, sans lettres;   15 c.

Ces trois petits livres sont imprimés avec beaucoup de soin et sur très-joli papier.

Le choix des morceaux qui les composent est fait sévèrement et toujours approprié à l'âge auquel il est destiné.

TRAITÉ

D'ORTHOGRAPHE ABSOLUE

DITE

ORTHOGRAPHE D'USAGE.

Par M. CLOPIN.

4ᵉ Edition.

GRENOBLE,

PRUDHOMME ET BLANCHET, IMPRIMEURS-ÉDITEURS,

Rue Lafayette, 14.

1843.

G.

Grenoble, Impr. de Prudhomme.

AVANT-PROPOS.

Les moyens que l'on emploie d'ordinaire pour enseigner l'orthographe absolue nous ayant paru insuffisants, nous avons dû, dans l'intérêt de nos élèves, chercher comment nous pourrions rendre plus profitable l'étude de cette partie si importante du langage écrit.

Nous avons, en conséquence, recueilli toutes les règles données par les grammairiens qui se sont spécialement occupés de cette matière. Nous avons vérifié avec soin l'exactitude de ces règles; nous les avons modifiées, complétées, à mesure que l'expérience nous en a démontré la nécessité, et nous sommes ainsi parvenu à faire une espèce de compilation, dont nous nous servons avec succès depuis plusieurs années.

On comprendra facilement, en effet, quel service l'on rend à un enfant qui demande, par exemple, comment on écrit *habitude*, *défiler*, *amphibologie*, etc., quand on lui dit : « Le son *a* » initial s'écrit *ha* dans tous les mots où il est im- » médiatement suivi de *bi*, excepté *abîme* et *abîmer* » (Voy. page 3); tous les mots qui commencent par » *def* n'ont qu'une *f* (Voy. page 49, *Remarque*); » il n'y a point de mots qui commencent par *anfi*; » ils commencent tous par *amphi*, excepté *enfice-* » *ler*, *enfiler*, *emphytéose*, et les dérivés (Voy. page » 48), et le son *i* final s'écrit *ie* dans les noms fémi- » nins (Voy. page 13). »

Il nous serait facile, en multipliant ces exemples, de faire ressortir tous les avantages qu'on peut tirer de ce petit Traité; mais nous croyons plus utile d'expliquer en peu de mots comment nous procédons dans l'application pratique que nous en faisons.

Nous en lisons, avec les élèves, un ou plusieurs paragraphes, que nous nous efforçons de leur faire bien comprendre; ensuite nous les leur faisons copier aussi souvent que nous le jugeons nécessaire; puis nous leur dictons de petites phrases dans lesquelles nous faisons entrer les mots compris dans les règles qu'ils ont apprises et dans les listes qu'ils ont copiées. Quand nous supposons qu'il y a quelques-uns de ces mots dont les élèves ne connaissent pas la signification, ce qui arrive fréquemment, la phrase dictée la leur explique. Ainsi, nous leur dictons, par exemple : « On appelle » *aiguade* le lieu où les vaisseaux font leur provi- » sion d'eau douce. Il y a dans cette île une excel- » lente aiguade. Les *presbytes* sont ceux qui ne » voient que de loin (1). »

La correction des dictées se fait en commun; chaque élève lit une phrase, indique l'orthographe des mots dont elle se compose, et cite les règles qui la justifient. Quand il y a des fautes, nous rappelons nous-même la règle qu'on a violée, ou la liste contenant le mot qu'on a mal écrit.

Il ne faut que peu de temps pour familiariser les élèves avec cet exercice, qui se fait ensuite très-vite, et qui grave profondément dans leur mémoire le sens et l'orthographe de mots qu'autrement ils n'auraient peut-être jamais connus.

---

(1) Voir les Dictées servant d'exercices. — 1 vol. in-12; prix : 2 fr.

TRAITÉ

D'ORTHOGRAPHE ABSOLUE,

DITE

ORTHOGRAPHE D'USAGE.

NOTIONS PRÉLIMINAIRES.

La parole se compose de sons appelés *voix*.

On distingue deux sortes de voix : les voix durables, qui se font entendre aussi longtemps que dure l'expiration ; et les voix non durables, qui ne se font entendre qu'avec les voix durables, et qu'on ne saurait prolonger.

Une syllabe est une voix, ou plusieurs voix prononcées en une seule émission de voix.

Quand une syllabe fait entendre deux voix durables, elle prend le nom de *diphthongue*.

EXEMPLES : *ba*, *pi*, *fla*, *pri*, etc., sont des syllabes ; *pied*, *Dieu*, *foi*, etc., sont des diphthongues.

Un mot est un tout syllabique signe d'une idée.

Les mots d'une seule syllabe sont appelés *monosyllabes* ; ceux de plusieurs syllabes, *polysyllabes*.

L'écriture se compose de lettres.

Les lettres sont de petits caractères, signes des voix.

Il y a deux sortes de lettres : les *voyelles*, qui rappellent les voix durables ; et les *consonnes*, qui rappellent les voix non durables.

On appelle *alphabet* la réunion de toutes les lettres dont on fait usage dans une langue.

L'alphabet français est composé de vingt-cinq lettres, dont six voyelles pures, et dix-neuf consonnes.

Les voyelles sont : *a*, *e*, *i*, *y*, *o*, *u*.

Les consonnes sont : *b*, *c*, *d*, *f*, *g*, *h*, *j*, *k*, *l*, *m*, *n*, *p*, *q*, *r*, *s*, *t*, *v*, *x*, *z*.

Les accents sont de petites marques que l'on met sur les voyelles pour indiquer une modification de son.

Il y a en français trois accents, savoir : l'accent aigu ´, l'accent grave `, et l'accent circonflexe ^.

Le son représenté par la voyelle *e* varie selon que cette voyelle est surmontée de l'accent aigu, de l'accent grave ou de l'accent circonflexe : e muet, é fermé, è ouvert, ê très-ouvert (1).

Certaines voix durables sont représentées par plusieurs voyelles ; telles sont : *eu*, *ou* ; d'autres sont représentées par une voyelle et une consonne, comme *en*, *in*, *on*, *un*, etc. Ces dernières sont appelées *voix nasales*.

Une voix non durable est quelquefois représentée par deux consonnes : *ph* (f), *ch*, *gn*, *th* (t), *rh* (r).

Nous verrons que certaines consonnes représentent plusieurs sons, tandis que d'autres ne sont que des signes orthographiques qui ne représentent aucun son.

Quand une lettre, ou plusieurs lettres tracées à côté les unes des autres rappellent une syllabe vocale, elles forment une syllabe écrite.

Une ou plusieurs syllabes écrites qui rappellent un mot oral forment un mot écrit.

(1) L'accent grave et l'accent circonflexe sont les seuls qui se placent sur les voyelles autres que *e* : le premier sert alors à distinguer le sens du mot accentué d'avec celui du même mot écrit sans accent ; le second indique que le son représenté par la voyelle accentuée doit être prolongé.

DU SON *A*.

1. Le son *a* initial (au commencement des mots) s'écrit *ha*,

1° Dans les mots où il est immédiatement suivi de *bi*, comme : *habiter, habiller, habile*, etc.

Excepté *abîme* et *abîmer*.

2° Dans les mots suivants :

» *hâbler,*
» *hache,*
» *hagard,*
» *haha,*
» *haillon,*
» *haïr,*
» *haler,*
» *hâler,*
» *haleter,*
haleine,
» *halle,*
» *hallebarde,*
» *hallier,*
hallucination,
» *halo,*

» *haloir,*
» *halot,*
» *halte,*
» *hamac,*
hamadryade,
» *hameau,*
hameçon,
» *hampe,*
» *hanneton,*
» *happer,*
» *haquenée,*
» *haquet,*
» *haranguer,*
» *haras,*
» *harasser,*

« *harem,*
» *hareng,*
» *haricot,*
« *haridelle,*
» *haro,*
» *hasard,*
» *hase,*
» *haste,*
» *hâte,*
hâtelette,
» *havre,*
» *hâve,*
» *haveron,*
» *havir,*

et les dérivés, comme : *hasarder, harengère, hâble-rie*, etc.

2. Le son *a* initial s'écrit *hen* dans *hennir* et le dérivé *hennissement*.

3. Dans les autres mots, le son *a* initial s'écrit *a* : *amasser, amitié, apôtre*, etc.

4. Le son *a* final (à la fin des mots), s'écrit *ha* dans *brouhaha, cahin-caha, haha, ipécacuanha*.

5. Le son *a* final s'écrit *a* dans les mots suivants :

ça
acacia ,
aga,

agenda ,
alinéa ,
alléluia ,

alpha ,
angora ,
béta :

bramá,	*falbala,*	*papa,*
cochléaria,	*gala,*	*prorata* (au)
colza,	*holà,*	*quinola,*
dada,	*iota,*	*quinquina,*
deçà,	*la* (note de mu-	*ratafia,*
déjà,	sique),	*recta,*
delà,	*lama,*	*réséda,*
duplicata,	*nota,*	*sofa,*
et cætera,	*oméga,*	*tréma,*
errata,	*opéra,*	*visa,*
fa (note de mu-	*pacha,*	*voilà.*
sique),	*panorama,*	

6. A la fin des autres mots, le son *a* s'écrit *ac*, *ap*, *as*, *at*, selon que la dérivation indique une des consonnes *c*, *p*, *s*, *t*.

Ainsi l'on écrit :

estomac,	à cause de	*stomacal;*
drap,	—	*drapier;*
pas,	—	*passer;*
embarras,	—	*embarrasser;*
soldat,	—	*soldatesque;*
haras, etc.,	—	*harassier,* etc.

7. Le son *a* final s'écrit *ac*, *ach*, *as*, *at*, dans les mots suivants, sans raison de dérivation :

cotignac,	*tabac,*	*almanach,*
ananas,	*coutelas,*	*lacs,*
appas (charmes),	*faguenas,*	*lilas,*
bourras,	*fatras,*	*plâtras,*
cabas,	*frimas,*	*repas,*
canevas,	*galetas,*	*sassafras,*
cas,	*galimatias,*	*taffetas,*
cervelas,	*glas,*	*verglas,*
chasselas,	*hélas,*	
achat,	*appât* (amorce),	*carat,*

apparat,	*apostat,*	*cérat,*
contrat,	*goujat,*	*prélat,*
dégât,	*nougat,*	*renégat,*
électorat,	*odorat,*	*résultat,*
entrechat,	*plagiat,*	*seringat,*
état,	*potentat;*	*verrat.*

8. Le son *a* s'écrit encore *at* à la fin des mots formés de mots plus courts.

Ainsi l'on écrit :

consulat, à cause de *consul ;*
orgeat, — *orge ;*
reliquat, — *relique ;*
forçat, etc. — *force,* etc.

9. Le son *a* médial (au milieu des mots) s'écrit *a :* *fameux, raser, table,* etc.

EXCEPTÉ :

1° Dans *exhaler* et les dérivés ; *réhabiliter* et les dérivés ; ainsi que dans les composés des mots où le son *a* initial s'écrit *ha,* comme : *déshabituer, déshabiller, inhabité,* etc.;

2° Dans : *paonne, femme, nenni, Caennais* (de Caen) *paonneau, indemnité, Rouennais* (de Rouen);

3° Dans les adverbes formés des adjectifs en *ent,* comme *prudemment,* de *prudent, violemment,* de *violent ;* etc.

DU SON *E.*

10. Il n'y a point de mots qui commencent par le son *e* (1).

11. Le son *e,* à la fin et dans le corps des mots, s'écrit *e : perte, lime, cheval, semaine,* etc.

1re EXCEPTION.

Le son *e* médial s'écrit *ai* au participe présent, à la pre-

(1) Bien que dans certains mots, comme : *ecclésiastique, esprit, ellipse,* etc., la première lettre soit un *e* muet, on ne saurait dire que ces mots commencent par le son *e,* puisqu'on prononce *éklésiastike, éspri, élipse.*

mière personne du pluriel du présent, et à toutes les personnes de l'imparfait de l'indicatif du verbe *faire* : *nous faisons, je faisais, tu faisais,* etc.; ainsi que dans les composés
bienfaisant, bienfaisance, malfaisant, je défaisais, etc.

2ᵐᵉ EXCEPTION.

Le son *e* final s'écrit *ent* aux troisièmes personnes du pluriel de tous les verbes : *ils parlent, elles finissent, ils boi-
vent, ils écrivent,* etc.

DU SON É.

12. Le son *é* initial s'écrit *ai* dans les mots suivants :

aider,	*aiguillette,*	*aimant,*
aigu,	*aiguière,*	*aîné,*
aiguade,	*aiguiser,*	*airain,*
aiguillade,	*ailé,*	*aisselle,*
aiguille,	*aimer,*	*aisette,*

et dans les dérivés, comme : *aiguillon, aiguise-
ment, aimable,* etc.

13. Le son *é* initial s'écrit *hé* dans les mots suivants :

hé (interjection),	*hémérodrome,*	*hérisser,*
héberger,	*hémicycle,*	*hériter,*
hébéter,	*hémisphère,*	*héron,*
hébreu,	*hémistiche,*	*héros,*
hégire,	*hémorragie,*	*hésiter,*
hélas,	*hémorroïdes,*	*hétéroclite,*
héler,	*hépatique,*	*hétérogène,*
hélice,	*héraut* (d'ar-	*hétérosciens,*
héliotrope,	mes),	
hélose,	*hérésie,*	

et les dérivés, comme : *héréditaire, hérésiarque,
héroïne,* etc.

14. Dans les autres mots le son *é* initial s'écrit *é* :
étable, *élever*, *éviter*, etc.

15. Le son *é* final s'écrit *er*,

1° Dans les infinitifs des verbes de la première conjugaison, : *aimer*, *parler*, *voter*, etc. ;

2° Dans les noms et les adjectifs masculins où il est précédé de *ch*, *g*, *i*, *y* : *rocher*, *verger*, *marguillier*, *noyer*, *acier*, *guerrier*, etc.

Excepté :

1° Les participes passés employés substantivement : *un abrégé*, *un déshabillé*, etc. ;

2° *Âgé*, *apogée*, *clergé*, *congé*, *évêché*, *duché*, *marché*, *périgée*, *pied*, et les dérivés *trépied*, *marchepied*.

16. Dans les autres substantifs masculins, le son *é* final s'écrit *é* : *un pré*, *un canapé*, *un pâté*, etc.

Excepté :

apogée,	*hyménée*,	*périgée*,	
athée,	*lycée*,	*pygmée*,	
caducée,	*mausolée*,	*spondée*,	qui ont un e muet
colisée,	*musée*,	*scarabée*,	final.
coryphée,	*protée*,	*trochée*,	
élysée,	*prytanée*,	*trophée*,	
gynécée,	*périnée*,		

17. Le son *é* final s'écrit *ée* dans les substantifs féminins : *une armée*, *une journée*, *une nuée*, etc.

Excepté les noms féminins terminés par *té* ou *tié*, à moins que ce ne soient des participes passés employés substantivement, ou qu'ils n'expriment une idée de contenance : *bonté*, *générosité*, *moitié*, *pitié* ; *la portée*, *la montée*, *une charretée*, *une hottée*, etc.

18. On écrit encore avec un e muet final, *la pâtée*, *une dentée* ; et avec une *f*, *clef* (une).

19. Dans le corps des mots, le son *é* s'écrit *é* : *répéter*, *mériter*, *considérer*, etc.

Excepté *déshériter* et *exhéréder*.

DU SON È.

20. Le son *è* initial s'écrit *ai* dans les mots suivants :

aide,	*aigue-marine,*	*aine,*
aigle,	*aigrette,*	*aise,*
aigre,	*aile,*	*aire,*

et les dérivés, comme : *aigrir, aileron, airer,* etc.

21. Le son *è* initial s'écrit *hai* dans *haie, haine, haire,* et dans les dérivés *haineux, haineuse.*

22. Cinq mots commencent par *è, hè, ê, hê;* ce sont *ère, ès* (contraction de *en les*), *hère, être, hêtre.*

23. Le son *è* final s'écrit *ais,*

1° Dans les noms de peuples : *Anglais, Français, Portugais,* etc.;

2° Dans les mots suivants :

biais,	*jais,*	*palais*
dais,	*laquais,*	*panais,*
désormais,	*liais,*	*rais,*
frais,	*mais,* (conjonc-	*relais.*
harnais,	tion),	
jamais,	*marais,*	

24. Le son *è* final s'écrit *ait* dans *fait, lait, souhait, trait,* et dans les composés, comme : *forfait, parfait, portrait, attrait,* etc.

Remarque. On écrit *laid* à cause de *laideur.*

25. Le son *è* final s'écrit *ès, egs, ets,* dans :

abcès,	*décès,*	*legs,*
après,	*près,*	*mets.*
auprès,	*procès,*	
congrès,	*progrès,*	

26. Il s'écrit *et,*

1° Dans tous les mots où la dérivation amène un *t : complet* (compléter), *projet,* (projeter), etc.;

2° Dans :

banquet,	*filet,*	*poignet,*
baquet,	*hoquet,*	*ourlet,*
bosquet,	*intérêt,*	
cabinet,	*plumet,*	

et dans quelques autres mots où l'on entend le son *è* bref, comme *buffet, effet,* etc.

27. Le son *è* final s'écrit *ai,* 1° dans les substantifs masculins qui viennent des verbes en *ayer :* *balai* (balayer), *délai* (délayer), etc.

EXCEPTÉ *relais.*

2° Dans :

bai (adjectif),	*lai* (frère),	*quai,*
caravansérai,	*mai* (mois),	*vrai.*
geai (oiseau),	*minerai,*	

28. A la fin des noms féminins, le son *è* s'écrit *aie :* *baie, étaie, plaie,* etc.

EXCEPTÉ *paix.*

29. Le son *è* médial s'écrit *ai,* —

1° Avant le son *z* représenté par *s* : *braise, fraise, raison, raisin,* etc.

EXCEPTÉ *thèse* et les composés, et *manganèse.*

2° Avant *re* final, dans les substantifs et les adjectifs formés de mots plus courts : *actionnaire* (action), *propriétaire* (propriété), etc.

3° Dans les verbes : *taire, traire, connaître, naître,* etc.

EXCEPTÉ *mettre* et les composés, comme : *remettre, démettre, permettre,* etc.

Il faut aussi excepter de cette règle,

1° Les noms et les adjectifs dont le masculin est terminé en *er ;* on écrit :

bergère,	à cause de *berger ;*
étrangère, etc.,	— *étranger,* etc. ;

2° Les mots dans les dérivés desquels on trouve le son *é* à la place de *e ;*

Ainsi l'on écrit :

alène,	à cause de	*alénier,*
austère,	—	*austérité,*
carène,	—	*caréner,*
catéchumène,	—	*catéchuménat,*
chimère,	—	*chimérique,*
ébène, etc.	—	*ébéniste,* etc.

4° Avant la terminaison *ne : aubaine, domaine, fredaine, laine,* etc.

Excepté :

1° *antienne, frêne, rêne, antenne, garenne, reine* (la), *baleine, gêne, renne* (le), *benne, haleine, scalène, cène, hyène, seine, chêne, julienne, varenne, couenne, méridienne, veine, énergumène, patène, verveine; épicène, peine, étrenne, pêne,*

2° Le féminin des adjectifs dont le masculin est terminé en *ien, yen, éen, : chrétienne, moyenne, européenne,* etc.;

3° Les temps des verbes *tenir, venir, prendre,* et de leurs dérivés et composés : *ils tiennent, que je vienne, que tu prennes,* etc.

5° Dans les mots dont les dérivés ont un *a* à la place du son *è; ainsi l'on écrit :

baisser,	à cause de *bas* ;
naissance,	—	*natif;*
paître,	—	*pâturage;*
paisible, etc. —		*pacifique,* etc.;

6° Dans les mots suivants :

blaireau, laiton, plaider, faîte (sommet), *maigre, prairie, faible, maire* (le) *raiponce, fainéant, maître, raifort, laisser, métairie, taisson,*

et dans les dérivés et composés, comme : *faiblesse, délaisser,* etc.

30. Le son *è* médial s'écrit *ei*,

1° Avant *gn : beignet , seigneur , peigne , etc.*

Excepté :

araignée,   *châtaigne,*   *saigner ,*
baigner,   *daigner ,*

et les dérivés et composés, comme : *dédaigner , saignement , châtaigneraie ,* etc.

2° Dans *neige , seigle , seize , treize ,* et dans les dérivés, comme : *neigeux, seizième,* etc.

31. Le son *è* médial s'écrit *a* devant le son *i* représenté par *y : crayon , rayon , essayer , payer ,* etc.

Excepté : *grasseyer, langueyer, s'asseyant, pleyon.*

32. Dans les mots qui ne sont pas compris dans les règles ci-dessus, le son *è* s'écrit *è.*

33. On doit remarquer toutefois que la lettre *e ,* suivie d'une double consonne ou d'un *x*, n'est jamais accentuée, non plus que quand elle se trouve dans une syllabe terminée par une consonne : *effort, examen, description, esprit,* etc.

DU SON *I.*

34. Le son *i* initial s'écrit *hi* dans les mots suivants :

hiatus ,	*hiéroglyphe ,*	*hisser ,*
»*hibou ,*	*hilarité ,*	*histoire ,*
»*hic ,*	*hippocrène ,*	*historier ,*
»*hideux ,*	*hippodrome ,*	*histrion,*
hier,	*hippopotame,*	*hiver ,*
»*hiérarchie ,*	*hirondelle,*	

et dans les dérivés, comme : *historien, hiéroglyphique, hiverner ,* etc.

35. Le même son s'écrit *hy* dans :

hyacinthe ,	*hydre,*	*hydrographie ,*
hydraulique,	*hydrogène,*	*hydromel ,*

hydromètre,   hymen,   hypocrisie,
hydrophobie,   hyménée,   hypothénuse,
hydropisie,   hymne,   hypothèque,
hydrostatique,   hyperbate,   hypothèse,
hyène,   hyperbole,   hypotypose,
hygiène,   hyberborée,   hysope,
hygromètre,   hypocondre,

et dans les dérivés, comme : *hydrographe*, *hydro-
métrie*, *hypothéquer*, etc.

36. Le son *i* initial s'écrit *y* dans *yacht*, *yeuse*,
yeux, *ypréau*.

37. Dans tous les autres mots, le son *i* initial
s'écrit *i* : *ignorant*, *image*, *initier*, etc.

38. Le son *i* final s'écrit *i* dans les mots suivants :

abri,   cri,   marri (fâché),
ainsi,   défi,   midi,
ami,   demi,   nenni,
amphigouri,   déni,   ni (conjonc-
api,   épi,   tion),
apprenti,   ennemi,   pari,
appui,   ennui,   parmi,
aussi,   étourdi,   parti,
autrui,   étui,   pilori,
bailli,   favori,   poli,
biribi,   hardi,   pot-pourri,
bouilli,   ici,   reversi,
brouillamini,   infini,   rôti,
ceci,   inouï,   si,
céleri,   joli,   souci,
celui-ci,   lui.   voici.
charivari,   lundi (et les au-
ci,   tres jours de la
couci,   semaine),
cramoisi,   mari,

39. Le son *i* final est souvent représenté par *i*

suivi d'une consonne indiquée par la dérivation ;
ainsi l'on écrit :

fusil,	à cause de	*fusiller ;*
sourcil,	—	*sourciller ;*
anis,	—	*aniser ;*
tapis,	—	*tapisser ;*
esprit,	—	*spirituel ;*
petit,	—	*petite ;*
outil,	—	*outiller ;*
péril, etc.	—	*périlleux,* etc.

40. Dans les mots suivants, le son *i* est représenté par *i* suivi d'une consonne, sans raison de dérivation :

arsenic,	*cambouis,*	*pilotis,*	*biscuit,*
cric,	*châssis,*	*puits,*	*circuit,*
muid,	*chenevis,*	*radis,*	*conflit,*
nid,	*cliquetis,*	*ris,*	*dédit,*
chenil,	*coloris,*	*salsifis,*	*délit,*
coutil,	*croquis,*	*souris,*	*édit,*
fenil,	*devis,*	*sursis,*	*habit,*
fournil,	*gâchis,*	*treillis,*	*répit,*
fraisil,	*glacis,*	*taillis,*	*crucifix,*
nombril,	*hachis,*	*torticolis,*	*perdrix,*
abatis,	*logis,*	*acabit ;*	*prix.*
brebis,	*panaris,*	*amict,*	
buis,	*paradis,*	*appétit,*	
cacis,	*parvis,*	*bandit,*	

41. A la fin des substantifs féminins, le son *i* s'écrit *ie : une pie, la mie,* etc.

EXCEPTÉ :

brebis,	*houri,*	*lady,*
fourmi,	*merci,*	*perdrix,*
gagui,	*nuit,*	*souris.*

42. Il y a des substantifs masculins de cette terminaison qui ont un e muet final ; ce sont :

amphibie, incendie, périhélie,
aphélie, messie, silésie.
génie, pavie,
impie, parapluie,

43. Le son *i* médial s'écrit *y* dans les mots suivants :

acolyte, érysipèle, prosélyte,
analyse, étymologie, prytanée,
apocryphe, gymnase, pygmée,
anonyme, gynécée, pyrite,
amygdales, hiéroglyphe, pyramide,
apocalypse, homonyme, pylore,
bruyant, idylle, rhythme,
bruyère, lycée, sybille,
buyandière, labyrinthe, synonyme,
cacochyme, martyr, stéréotype,
clepsydre, martyre, style,
clystère, myope, stylet,
cyclope, myriagramme, sycomore,
cygne, myriamètre, sycophante,
cycle, myrrhe, sylphe,
cymaise, mystère, sylvain,
cynique, mystifier, syllabe,
cyprès, mythologie, syllepse,
cylindre; myrte, syllogisme,
chrysalide, panégyrique, symétrie,
chyle, péristyle, synagogue,
collyre, porphyre, synallagmatique,
diachylon, paralysie, synecdoque,
dryade, physique, synode,
dynamique, polygamie, synoptique,
dynastie, polype, système,
dyssenterie, polysyllabe, syzygie,
dysurie, polytechnique, tyran,
élysée, polythéisme, type,
encyclopédie, presbytère, typhus,
emphythéose, presbyte,

et dans les dérivés, comme : *prosélytisme, synony-
mie, analytique,* etc.

44. Le son *i* médial s'écrit *hi* dans : *ébahir, en-
vahir, exhiber, trahir ;* et dans les dérivés, comme :
envahissement, exhibition, trahison, etc.

45. Dans les autres mots, le son *i* médial s'écrit *i :*
file, pipe, comique, etc.

DU SON *O.*

46. Le son *o* initial s'écrit *au* dans les mots suivants :

aubade,	*aulique,*	*authentique,*
aubaine,	*aumône,*	*autocrate,*
aube,	*aune,*	*auto-da-fé,*
aubépine,	*auparavant,*	*autographe,*
auberge,	*auprès,*	*automate,*
aubergine,	*auréole,*	*automne,*
aubier,	*auriculaire,*	*autopsie,*
aucun,	*aurore,*	*autoriser,*
audace,	*auspice,*	*autour,*
audience,	*aussi,*	*autre,*
auditeur,	*austère,*	*autruche,*
auge,	*austral,*	*autrui,*
augmenter,	*autan,*	*auvent,*
augure,	*autant,*	*auvernat,*
auguste,	*autel,*	*auxiliaire,*
aujourd'hui,	*auteur,*	

et dans les dérivés, comme : *autorité, austérité,
audacieux, auditoire,* etc.

47. Le même son s'écrit *hau* dans : »*haut,*
»*hautbois,* »*hauturier,* et dans les dérivés, comme :
»*hauteur,* »*hautain,* »*hausser, haussoire,* etc.

48. Le son *o* initial s'écrit *ho* dans les mots suivants :

»ho, hommage, horaire,
»hobereau, homme, »horion,
»hoc, homogène, horizon,
»hochepot, homologue, horoscope,
»hocher, homologuer, hospice,
»hochet, homonyme, hospodar,
»hogner, honnête, hostie,
»holà, »honnir, hostile,
»holer, honneur, hôte,
»hollander, honorer, hôtel,
holocauste, honoraire, »hotte,
»homard, hôpital, »hottentot,
homélie, »hoquet, »hoyau,
homicide, »hoqueton,

et dans les dérivés, comme : *hommasse, homogénéité, hôtellerie, hostilité*, etc.

49. Dans les autres mots, le son *o* initial s'écrit *o* : *obéir, opération, oser*, etc.

50. Le son *o* final s'écrit *o* dans les mots suivants :

agio, gogo (à), numéro,
cacao, haro, piano,
coco, imbroglio, quiproquo,
domino, incognito, vertigo,
écho, indigo, zéro,
embargo, loto,
go (tout de), mémento,

et dans quelques termes de musique et d'imprimerie : *solo, allégro, in-quarto, in-octavo*, etc.

51. *O* final se trouve aussi dans quelques expressions purement latines : *ex abrupto, ex professo*, etc.

52. Le son *o* final s'écrit *os, ot*, 1° quand la dérivation amène une *s* ou un *t* ; ainsi l'on écrit :

dos,	à cause de	dossier ;
gros,	—	grosse ;
dot,	—	doter ;
sanglot, etc.	—	sangloter, etc.

2° Dans les mots suivants, sans raison de dérivation :

campos,   »héros,   quipos,
chaos,   lotos, (arbre),

billot,   dépôt,   minot,
bot (pied),   écot,   paquebot,
cachot,   entrepôt,   pavot,
calicot,   escargot,   prévôt,
camelot,   îlot,   suppôt,
canot,   javelot,   tôt (et les déri-
chariot,   loriot,   vés),
chicot,   mot,   turbot.

53. Le son *o* final s'écrit *aud* dans les mots où la dérivation amène un *d*; ainsi l'on écrit :

chaud   à cause de *chaude*;
échafaud,   —   *échafaudage*.

54. On écrit *réchaud* sans raison de dérivation.

55. Le son *o* final s'écrit *aut* dans les mots suivants :

artichaut,   »haut,   quartaut,
assaut,   »héraut (d'ar-   saut (et les com-
boucaut,   mes),   posés).
défaut,   levraut,

56. Il s'écrit *aux* dans :

bestiaux,   faux,   taux,
chaux,   matériaux,   vitraux.

57. Le son *o* final s'écrit *au* lorsqu'il est précédé d'une voyelle : *aloyau, boyau, fléau*, etc.; ainsi que dans *étau, pilau, sarrau*.

58. Dans les autres mots, le son *o* final s'écrit *eau* : *anneau, beau, carreau, poteau*, etc.

Excepté *sirop*.

59. Le son *o* médial s'écrit *au* dans les mots suivants :

2.

applaudir,
baccalauréat,
baguenauder,
baudet,
baudrier,
baudruche,
baume,
béjaune,
blaude,
bretauder,
cause,
caustique,
cauteleux,
cautère,
caution,
centaure,
centaurée,
chaudron,
chauffer,
chauler,
chaume,
chausse,
chausser,
chauve,
chauvir,
chevaucher,
clabauder,
claude,
clause,
claustral,
communauté,
courtaud,
courtauder,
cruauté,
daube,
dauphin,
débaucher,

déchaussures,
ébaubi,
ébaucher,
ébaudir (s'),
échafaud,
échauboulure,
échaufourée,
échauguette,
éfaufiler,
embaucher,
émeraude,
empaumer,
épaule,
exaucer,
faubourg,
faucher,
fauchet,
faucille,
faucon,
fauder,
faune,
faufiler,
fausset,
faussure,
faute,
fauteuil,
fauve,
fauvette,
fraude,
gauche,
gauchir,
gaude,
gausse,
gaufrer,
gaule,
gausser,
giraumont,

glauber,
holocauste,
hydraulique,
hypocauste,
inaugurer,
instauration,
jauge,
jaune,
laudanum,
laudes,
laurier,
loyauté,
maraude,
maréchaussée,
marivaudage,
maudire,
maugréer,
mauvais,
mausolée,
maussade,
mauve,
mauviette,
mauvis,
miauler,
mijaurée,
minauder,
minotaure,
multicaule,
naufrage,
naulage,
naumachie,
nausée,
nautique,
nautonnier,
nigauder,
papauté,
patauger,

paulette,	sauce,	sautoir,
paume,	saucisson,	sauvage,
paumelle,	sauf,	sauver,
paumier,	saugrenu,	tarauder,
paupière,	saule,	taupe,
pause,	saumâtre,	taureau,
pauser,	saumon,	tautogramme,
pauvre,	saumure,	tautologie,
pétaudière,	sauner,	tautométrie,
piauler,	saupiquet,	thaumaturge,
plausible,	saupoudrer,	thésauriser,
précaution,	saure,	trigauder,
primauté,	saurer,	vaudeville,
psaume,	saussaie,	vaurien,
rauque,	sautelle,	vautour,
ravauder,	sauter,	vautrait,
restaurer,	sautereau,	vautrer (se),
royaume,	sauterelle,	

et dans les dérivés et les composés, comme : *gauchement*, *saucer*, *ressauter*, etc.

60. Le son *o* médial s'écrit *hau* dans les dérivés de *hausser*, qui sont :

exhausser,	exhaustion,	rehaussement,
exhaussement,	rehausser,	rehaut.

61. Il s'écrit *eau* dans *épeautre*.

62. Dans les autres mots, le son *o* médial s'écrit *o* : *motion*, *poser*, *note*, etc.

DU SON *U*.

63. Le son *u* initial s'écrit *hu*,

1° Quand il est suivi d'un *i* ou d'une *m* : *huile*, *huissier*, *humain*, *humilier*, etc. ;

2° Dans les mots suivants :

»*huard*,   »*huguenot*,   »*hurler*,
»*hucher*,   *humus*,   *hurluberlu*,
»*huche*,   »*hune*,   »*huron*,
»*huer*,   »*huppe*,   »*hutin*,
»*hulotte*,   »*hure*,   »*hutte*,

et dans les dérivés, comme : »*hupper*, »*hurlement*, »*hurleurs*, »*hutter* (se), etc.

64. Dans les temps du verbe *avoir*, le son *u* initial s'écrit *eu : nous eûmes , vous eussiez*, etc.

65. Dans tous les autres mots , le son *u* initial s'écrit *u : utile , unique , univers*, etc.

66. Le son *u* final s'écrit *us, ut*, dans les mots où la dérivation amène une *s* ou un *t ;* ainsi l'on écrit :

abus,	à cause de	*abuser ;*
camus,	—	*camuse ;*
refus,	—	*refuser ;*
début,	—	*débuter ;*
salut,	—	*salutation ;*
tribut,	—	*tributaire*.

Nota. Flux s'écrit *ux* à cause de *fluxion ;* il a pour composé *reflux*.

67. Le son *u* final s'écrit *us* dans les mots suivants, sans raison de dérivation :

cabus,	*jus*,	*sus*,
dessus,	*pus*,	*talus*.

Remarque. On écrit avec une *h copahu* et *cohue*.

68. A la fin des substantifs féminins , le son *u* s'écrit *ue : la vue , la morue , une charrue*, etc.

EXCEPTÉ : *bru , glu , tribu , vertu*.

69. Dans tous les mots dont il n'a pas été parlé précédemment, le son *u* final s'écrit *u : reçu, bourru, impromptu , têtu*, etc.

70. Le son *u* médial s'écrit *hu* dans les composés de *humain* et de *humus*, qui sont :

inhumain,	*exhumer,*	*inhumation,*
inhumainement,	*exhumation,*	*posthume.*
inhumanité,	*inhumer,*	

71. Dans tous les autres mots, le son *u* médial s'écrit *u: culture, nature, pâture,* etc.

DU SON AN.

72. Le son *an* initial s'écrit *am* dans les mots qui commencent par *amphi : amphibie, amphigouri, amphithéâtre,* etc.

Excepté *emphytéose,* et les dérivés *emphytéote, emphytéotique.*

Remarque. Il n'y a point de mots qui commencent par *anfi;* et les seuls qui commencent par *enfi,* sont : *enfiler, enfilade, enfileur* et *enficeler* (1).

73. Le son *an* initial s'écrit *an* dans les mots qui commencent par *anti : antique, antidote, antienne,* etc.

Excepté *enticher, entier, entité,* et les dérivés *entière, entièrement.*

74. Le son *an* initial s'écrit *am, an* dans les mots suivants :

ambages,	*ambulant,*	*anchois,*
ambassade,	*amphore,*	*ancien,*
ambe,	*ample,*	*ancile,*
ambiant,	*amplifier,*	*ancre* (de vais-
ambigu,	*ampoule,*	seau),
ambition,	*ampoulette,*	*andain,*
amble,	*amputer,*	*andouille,*
ambre,	*an* (un),	*ange,*
ambroisie,	*anche,*	*angélique,*

(1) Terme de chapelier qui signifie serrer le bas de la forme d'un chapeau avec une ficelle ou un cordon.

angine,	ankylose,	antépénultième,
anglais,	anse,	antérieur,
angle,	antagoniste,	antre,
angleux,	antarctique,	anthropophage,
angoisse;	antécédent,	anxiété,
angora,	antechrist,	
anguille,	antédiluvien,	

et dans les dérivés, comme : *amplification*, *amplement*, *antérieurement*, etc. ; ainsi que dans quelques termes techniques.

75. Au commencement des autres mots, le son *an* s'écrit *em*, *en* ; *em* devant *b*, *p*, *m : embûche*, *empiéter*, *emménager*, etc. ; *en*, dans tous les autres cas.

Excepté : »*hampe*, »*hanche* (partie du corps), »*hanter*, »*hangar*.

76. Le son *an* final s'écrit *am* dans : *Adam*, *dam*, *quidam*.

77. Le son *an* final s'écrit *an*,

1º Quand la dérivation amène le son *a* suivi de *n*; ainsi l'on écrit :

anglican,	à cause de	anglicane ;
mahométan,	—	mahométane ;
trépan,	—	trépaner ;
van, etc.	—	vanner ; etc.

2º Dans les mots suivants, sans raison de dérivation :

alcoran,	cadran,	encan,
alezan,	cancan,	faisan,
artisan,	carcan,	flan,
ban,	chambellan,	kan,
bilan,	cran,	maman,
brelan,	écran,	merlan,
cabestan,	élan,	ouragan,

pan,	safran,	turban,
partisan,	satan,	vétéran.
plan (projet),	talisman,	

78. Le son *an* final s'écrit *ant*,

1° Dans les participes présents : *des hommes cultivant les sciences, des enfants aimant l'étude*, etc. ;

2° Dans les adjectifs verbaux : *des hommes reconnaissants, des enfants obéissants*, etc.

EXCEPTÉ :

adhérent,	différent,	expédient,	président,
affluent,	divergent,	influent,	résident,
connivent,	équivalent,	négligent,	violent.
convergent,	excellent,	précédent,	

Remarque. C'est de ces mots, et non des participes présents, que se forment les dérivés ; ainsi l'on écrit : *adhérence, affluence, résidence, violence*, etc.

3° Dans les mots suivants :

adjudant,	éléphant,	odorant,
amant,	fainéant,	odoriférant,
appétissant,	fringant,	pédant,
ascendant,	galant,	pétulant,
béant,	garant,	pimpant,
chant,	gérant,	plant (d'arbre),
clinquant,	instant,	poignant,
constant,	manant,	puissant,
diamant,	méchant,	transcendant,
distant,	nonchalant,	vaillant,
élégant,	néant,	vigilant.

79. Le son *an* final s'écrit *and*, *ang*, *amp*, quand le *d*, le *g* ou le *p* est indiqué par la dérivation ; ainsi l'on écrit :

grand,	à cause de	grande;
gland,	—	glande;
rang,	—	ranger;
sang,	—	sanguin;
champ, etc.,	—	champêtre, etc.

EXCEPTÉ *hareng* (harengère).

80. On écrit sans raison de dérivation :

banc,	*étang*,	*sans*,
blanc,	*orang-outang*,	*paon*,
flanc,	*céans*,	*faon*.
franc,	*dans* ;	

81. Le son *an* final s'écrit *ent*,

1° Dans les substantifs terminés en *ment* : *bâti-ment, garnement, serment*, etc.

EXCEPTÉ : *amant, aimant, diamant, dolman, calmant, talisman.*

2° Dans les substantifs et les adjectifs, non compris dans les règles précédentes, où le son *an* final est précédé d'une consonne autre que *m*, quand ces mots ne dérivent pas des verbes, c'est-à-dire ne sont pas des participes présents employés substantivement ou adjectivement : *accident, apparent, agent, intelligent, indigent*, etc.

82. *End* termine *différend* (contestation) et *révérend*.

83. Le son *an* médial s'écrit *an* après *f*, avant *g*, avant et après *ch* : *étrangler, fantaisie, louange, chanter, épancher*, etc.

EXCEPTÉ : *défendre, fendre, offense, hareng, venger, pencher, pervenche*, et les dérivés.

84. Le son *an* médial s'écrit *en*,

1° Avant la terminaison *sion*, *tion* : *pension, prétention, dissension, détention*, etc.

EXCEPTÉ : *expansion*.

2° Dans les verbes dont l'infinitif est terminé en *endre* : *vendre, pendre*, etc; et dans les dérivés de ces verbes, comme : *fente, vente, pente*, etc.

EXCEPTÉ *épandre* et *répandre*.

3° Après le son *s* initial écrit *c* ou *s*, ainsi qu'après *t* : *centaurée, censeur, sentir, sentier, retentir, contenter*, etc.

Excepté :

sanctifier,	*sanhédrin,*	*tan,*
sanction,	*sans* (préposition),	*tancer,*
sanctuaire,	*sansonnet,*	*tandis* (que),
sandal,	*santé,*	*tant,*
sandale,	*tambour,*	*tante,*
sandaraque,	*tampon,*	*tantôt,*

et les dérivés et composés, comme : *sanctification, autant,* etc.

4º Dans les mots suivants :

alentour,	*fomenter,*	*menton,*
amende,	*genre,*	*parenthèse,*
augmenter,	*gentil,*	*pencher,*
authentique,	*identifier,*	*penser,*
aventure,	*incendie,*	*pentecôte,*
calendes,	*lamenter,*	*prébende,*
cependant,	*légende,*	*ralentir,*
commencer,	*lendemain,*	*repentir,*
commensal,	*lentille,*	*resplendir,*
denrée,	*mendier,*	*sédentaire,*
dentelle,	*mensuel,*	*vendange,*
engendrer,	*mental,*	*venger,*
ensemble,	*mentir,*	*ventre,*
expérimenter,	*menthe,*	

et les dérivés, comme : *fomentation, gentillesse, splendeur,* etc.

SUBSTANTIFS TERMINÉS EN *anse, ense, ance, ence.*

85. Il y a six substantifs terminés en *anse;* ce sont :

anse,	*contredanse,*	*panse,*
danse,	*ganse,*	*transe.*

86. Il y en a cinq en *ense;* ce sont :

défense,	*dispense,*	*récompense.*
dépense,	*offense,*	

1ʳᵉ *Remarque.* Il y a trois adjectifs terminés en *ense :* *dense, immense, intense.*

2º *Remarque*. Les dérivés conservent l'orthographe des primitifs ; ainsi l'on écrit : *danser, offenser, condenser*, etc.

On écrit par *ance* les substantifs formés des participes présents, par le changement de *ant* en *ance*.

abonder,	*abondant,*	*abondance,*
obéir,	*obéissant,*	*abéissance;*
faire,	*faisant,*	*bienfaisance;*
tenir, etc.,	*tenant,* etc.	*lieutenance,* etc.

Excepté :

exister,	*existant,*	*existence;*
semer,	*semant,*	*semence;*
sentir,	*sentant,*	*sentence;*
préférer,	*préférant,*	*préférence;*

et les autres substantifs en *férence*, comme : *conférence, déférence*, etc.

Voir, pour les autres exceptions, page **23**, *remarque*.

88. Les substantifs suivants se terminent par *ance*, quoiqu'ils ne viennent pas de verbes :

aisance,	*finance,*	*prestance,*
avance,	*garance,*	*protubérance,*
balance,	*inadvertance,*	*puissance,*
bombance,	*instance,*	*romance,*
chance,	*intendance,*	*stance,*
circonstance,	*lance,*	*substance,*
constance,	*manigance,*	*vaillance,*
doléance,	*nonchalance,*	*vétérance,*
enfance,	*nuance,*	*vigilance.*
engeance,	*pétulance,*	
élégance,	*pitance,*	

89. *Ence* termine les autres substantifs qui ne sont pas dérivés des verbes : *innocence, confidence, clémence*, etc.

DU SON IN.

90. Le son *in* initial s'écrit *im*, *in*: *im* devant *b* *p*; *in* dans les autres cas : *imbiber*, *imprimer*, *inté-rêt*, *inconstant*, etc.

EXCEPTÉ *ainsi.*

91. Le son *in* final s'écrit *en* après *i* et *é*: *chien*, *rien*, *européen*, *cananéen*, etc.

91 bis. Il s'écrit *ein* dans les mots suivants :

dessein (projet),	*plein*,	*sein* (partie du corps),
frein,	*rein*,	*serein*.

92. Le son *in* final s'écrit *aim* dans : *daim, essaim, faim*.

93. Il s'écrit *ain*,

1° Dans les mots dont le féminin est *aine*; ainsi l'on écrit :

grain,	à cause de	*graine;*
plain (uni),	—	*plaine;*
romain,	—	*romaine;*
vain, etc.	—	*vaine*, etc.

2° Dans les mots suivants :

andain,	*gain*,	*quatrain*,
airain,	*levain*,	*refrain*,
bain,	*main*,	*sain*,
couvain,	*nonnain*,	*sacristain*,
dédain,	*pain*,	*sixain*,
demain,	*parrain*,	*tain*,
écrivain,	*plantain*,	*train*,
étain,	*poulain*,	*terrain*.

Les dérivés conservent *ain* : *maintien, maintenir, sainfoin*, etc.

94. Dans les autres mots, le son *in* final s'écrit *in*: *chemin, déclin*, etc.

Excepté :

cinq,	*oing,*	*succinct,*
instinct,	*saint,*	*vingt,*
maint,	*seing* (signature),	*thym.*

95. Le son *in* médial s'écrit *ein* dans les verbes dont l'infinitif est terminé en *eindre*, comme : *feindre, ceindre, peindre*, etc.

Excepté : *craindre, contraindre, plaindre.*

96. *Ain* se trouve aussi dans *vaincre* et *convaincre*.

Remarquez que les dérivés suivent l'orthographe des primitifs ; ainsi l'on écrit : *ceinture, feinte, peinture, teinture, teinturier*, etc. ; *crainte, contrainte, plainte*, etc.

Excepté : *cintre* et *pinceau.*

97. Le son *in* médial s'écrit *ym, yn*, dans les mots suivants :

cymbale,	*symbole,*	*syntaxe,*
larynx,	*sympathie,*	*synthèse,*
lymphe,	*symphonie,*	*syndic,*
lynx,	*symptôme,*	*tympan,*
nymphe,	*synchronisme,*	
pharynx,	*syncope,*	

et dans les dérivés, comme : *lymphatique, syncoper*, etc.

98. Dans les autres mots, le son *in* médial s'écrit *im, in : timbre, tinter*, etc.

DU SON *ON.*

99. Le son *on* initial s'écrit *om, on : ombelle, ombilic, ombrage, onction, onde, ongle*, etc.

Excepté :

›hongre,	*›hongroyeur,*	*›honte,*
›hongrer,	*›hongrois,*	*hombre* (jeu de cartes),

et les dérivés, comme : *›honteux, ›honteusement*, etc.

100. Le son *on* final s'écrit *ond, ont, om*, quand

la dérivation amène les consonnes *d*, *m*, *t*; ainsi l'on écrit :

> *bond*, à cause de *bondir;*
> *rond*, — *rondeur;*
> *affront*, — *affronter;*
> *mont*, — *montagne;*
> *pont*, — *ponté;*
> *nom*, etc., — *nommer*, etc.

101. On écrit, sans raison de dérivation :

jonc,	*fonds* (de terre, etc.),	*reculons* (à),
tronc,	*fonts* (baptismaux),	*prompt*,
plafond,	*répons* (le),	*giraumont*,
gond,	*tâtons* (à),	*taon*.

102. Dans les autres mots, le son *on* final s'écrit *on : son, chapon, ascension*, etc.

103. Le son *on* médial s'écrit *om* devant *b* et *p : bombe, bombance*, etc.

EXCEPTÉ : *bonbon, bonbonnière, embonpoint.*

104. Dans les autres mots, le son *on* médial s'écrit *on : conter, fondre, tondre*, etc.

EXCEPTÉ : *éhonté.*

DU SON *EU.*

105. Le son *eu* initial s'écrit *heu* dans les mots suivants :

> » *heu* (interjection), *heureux*,
> *heure*, » *heurter*,

et dans les dérivés : *heureuse, heureusement,* » *heur-toir.*

106. Il s'écrit *œu* dans *œuf, œuvre.*
Il s'écrit *œ* dans *œil, œillet*, et dans les dérivés.

107. Dans les autres mots, le son *eu* initial s'écrit *eu* : *eucharistie*, *euphonie*, etc.

108. Le son *eu* final s'écrit *œu*, *œud*, dans *vœu*, *nœud*.

109. Il s'écrit *eux* dans tous les adjectifs dont le féminin est terminé par *euse :* ainsi l'on écrit :

audacieux,	à cause de	*audacieuse;*
généreux,	—	*généreuse;*
heureux,	—	*heureuse;*
peureux, etc.	—	*peureuse*, etc. (1).

110. Dans les trois noms féminins suivants, qui sont les seuls de cette terminaison, le son *eu* final s'écrit *eue* : *queue*, *lieue*, *banlieue*.

111. Hors des cas précédemment indiqués, le son *eu* final s'écrit *eu* : *feu*, *jeu*, *peu*, etc.

Le son *eu* médial s'écrit *œu* dans *bœuf*, *mœuf*, *manœuvre*.

113. Il s'écrit *ue* dans :

accueil,	*écueil*,	*cueillir*,
cercueil,	*orgueil*,	

et dans les dérivés et composés, comme : *orgueilleux*, *recueillir*, *recueillement*, etc.

114. Dans les autres mots, le son *eu* médial s'écrit *eu* : *feuille*, *gueule*, *meule*, etc.

DU SON *OU.*

115. Le son *ou* initial s'écrit *hou* dans les mots suivants :

»*houblon*,	»*houle*,	»*houille*,
»*houe*,	»*houlette*,	»*houppe*,

(1) *Bleu* et *hébreu* s'écrivent en conséquence sans *x*, puisque l'un fait au féminin *bleue*, et l'autre *hébraïque*.

»houppelande,   *»hourvari,*   *»housser,*
»hourra,   *»houspiller,*   *»houssine,*
»hourder,   *»houssaie,*   *»houssoir,*
»houri,   *»housard,*   *»houx,*
»hourque,   *»housse,*

et dans les dérivés, comme : *»houblonnière, »houil-leur, »hourdis,* etc.

116. Dans tous les autres mots, le son *ou* initial s'écrit *ou : ouvrier, outrage, ourdir,* etc.

117. Le son *ou* final s'écrit *oue* dans les substantifs féminins : *la joue, la moue,* etc.

Excepté : *la toux* (causée par un rhume).

118. Dans les autres mots, le son *ou* final s'écrit *ou : bijou, clou, filou,* etc. (1).

Excepté :
1º Les participes passés *absous, dissous, résous ;*
2º Les mots suivants :

beaucoup,   *sous* (préposition),   *marabout,*
coup,   *pouls,*   *moût,*
loup,   *août,*   *tout,*
coût,   *bout,*
remous,   *goût,*

et les dérivés, comme : *atout, debout, partout, surtout,* etc.

119. Le son *ou* médial s'écrit toujours *ou : bouton, couteau, rouleau,* etc.

DU SON *UN.*

120. Le son *un* initial ne se trouve que dans *humble et humblement.*

121. Dans *un* (adjectif numéral), il est tout à la fois initial et final ; et *un* dans *unguis, uncinaire,* se prononce *on.*

(1) Ici la dérivation serait trompeuse, car *bijou* a pour dérivé *bijoutier ; clou, cloutier ; filou, filouter.*

122. Dans tous les autres mots qui commencent par *un*, la consonne *n* appartient à la seconde syllabe : *unanime*, *union*, *univers*, etc.

123. A la fin et dans le corps des mots, le son *un* s'écrit *un* : *emprunter*, *aucun*, *brun*, *commun*, etc.

Excepté :

défunt,	à cause de	*défunte* ;
emprunt,	—	*emprunter* ;
jeun (à),	—	*jeûner* ;
parfum,	—	*parfumer*.

DU DOUBLE SON *OA*.

124. Le double son *oa* initial s'écrit *hoi* dans *hoir* (héritier), *hoirie*.

125. Dans tous les autres mots, il s'écrit *oi* : *oiseau*, *oisif*, *oison*, etc.

126. Le double son *oa* final s'écrit *oid*, *ois*, *oit*, quand la dérivation amène une des consonnes *d*, *s*, *t* ; ainsi l'on écrit :

froid,	à cause de	*froide* ;
bois,	—	*boiserie* ;
»hongrois,	—	*»hongroise* ;
toit, etc.	—	*toiture*, etc.

127. On écrit, sans raison de dérivation :

anchois,	*mois* (un),	*doigt*,
carquois,	*patois*,	*endroit*,
empois,	*poids* (pesanteur),	*surcroît*,
gravois,	*pois* (légume),	*choix*.
guingois (de)	*tapinois* (en),	
minois,	*détroit*,	

128. Le double son *oa* final s'écrit *oie* dans les substantifs féminins : *la soie*, *la voie* (chemin), *la courroie*, etc.

Excepté :

la foi,	*une fois,*	*la poix,*
la loi,	*la croix,*	*la voix.*
la paroi,	*la noix,*	

129. Hors des cas indiqués précédemment, le double son *oa* final s'écrit *oi* : *emploi*, *effroi*, *roi*, etc.

Excepté *le foie* (partie du corps).

130. Le double son *oa* médial s'érit *oi* : *choisir*, *poisson*, *voisin*, etc. (1).

Remarque. Quand le double son *oa* est suivi du son *i*, ces deux sons s'écrivent *oy*: *royaume*, *noyau*, *moyen*, etc.

DEUXIÈME PARTIE.

DES SONS REPRÉSENTÉS PAR LES CONSONNES.

131. OBSERVATION GÉNÉRALE. A moins d'indication contraire, quand le son représenté par une consonne fait une syllabe, cette consonne est suivie d'un *e* muet; si c'est la consonne *q*, elle est suivie de *ue* : *besoin*, *robe*, *celui*, *recette*, *parure*, *rarement*, *querelle*, *colique*, etc.

DU SON *B.*

132. Le son *b* initial s'écrit toujours *b* : *biscuit*, *bénir*, *bande*, etc.

132 *bis*. Excepté les mots où la consonne *b* se redouble, le son *b* médial s'écrit *b* : *habitude*, *barbare*, *plomber*, etc.

133. Le son *b* final s'écrit *be* : *tombe*, *daube*, etc.

(1) Ne confondez pas le double son *oa* avec le double son *oua*, qui se trouve dans *couard*, *douane*, et les dérivés.

EXCEPTÉ : *radoub*, *rob*, *rumb*, *Jacob* et quelques autres noms propres.

134. La consonne *b* se redouble dans les mots suivants :

abbaye,   *rabbin*,

abbé,   *sabbat*,

et dans les dérivés, comme : *abbesse*, *abbatial*, *sabbatique*, etc.

DES SONS *K* ET *S*,

REPRÉSENTÉS PAR *c*, *ch*, *q*, *s*.

135. La consonne *c* représente deux sons : le son *k* devant *a*, *o*, *u*; le son *s* devant *e*, *é*, *è*, *ê*, *i* : *cabane*, *colon*, *culture*, *face*, *dépecer*, *cène*, *ancêtres*, *cire*, etc.

136. La consonne *c* représente quelquefois le son *s* devant *a*, *o*, *u*; mais alors on met au-dessous une petite marque que l'on nomme cédille (,) : *façade*, *soupçonner*, *déçu*, etc.

137. Le son initial *k* s'écrit *c*,

1° Devant une consonne : *clou*, *cri*, etc. ;

2° Devant *a* et *an*: *cabale*, *capitale*, *carême*, *canton*, etc.

EXCEPTÉ :

kaléidoscope,	*quasi*,	*quant* (à),
quadrille,	*quatorze*,	*quantième*,
qualité,	*quatre*,	*quantité*,
quarante,	*kan*,	
quart,	*quand*,	

et les dérivés, comme : *quarantième*, *quarteron*, *quartier*, etc.

3° Devant *au*, *o*, *u*, *ui* : *cause*, *colique*, *cuisine*, *cuiller*, etc.

Excepté :

quolibet,
quote (part),
quotidien,
quotient,
quotité,
choléra,
choriste,
chorus,
quia (à),
quibus,
quindécagone,
quinquagénaire,
quinquagésime,
quinque,
quinquennal,
quinquerce,
quinquérème,

et quelques mots techniques.

138. Le son *k* initial s'écrit *q*,

1° Devant *ua*, prononcé *oua* : *quadrangulaire*, *quadrature*, *quadragésime*, etc.

Remarque. Couard et les dérivés sont les seuls mots qui s'écrivent *coua*.

Queailler, est le seul mot qui s'écrive *quoa*.

139. Le son *k* initial s'écrit *qu* devant e, é, è, i, in : *querelle*, *quérir*, *quête*, *quille*, *quinte*, *quinconce*, etc.

Excepté :

kilogramme (et autres mots
  du système des poids et
  mesures),
kion,
kiosque,
kirsch,
kirielle,

et quelques termes techniques.

140. Le son *k* médial s'écrit *c*,

1° Devant *a*, *o*, *u* : *décapiter*, *recopier*, *calculer*, etc.

Excepté :

aliquote,
antiquaire,
anachorète,
archange,
attaquable,
bacchante,
carquois,
croquant,
critiquable,
écho,
équarrir,
eucharistie,
immanquable,
laquais,
liquoriste,
marquant,
moka,
narquois,
piqûre,
reliquaire,
reliquat,
reliquataire,
remarquable,
risquable,
turquoise,
ukase.

5° Devant une consonne : *réclamer*, *respecter*, *écrire*, etc.

Excepté :

antechrist, synchroniste,
antichrétien, technique, et le composé *polytechni-*
anachronisme, *que,*
cochléaria, technologie, et le dérivé *technologique,*
dragme, achromatique.
synchronisme.

141. Le son *k* médial s'écrit *qu* devant *e, é, è, ê,
i, ua* (prononcé *oua*) : *empaqueter, requérir, con-
quéte, requise, croquis, aquatique,* etc.

Excepté :

archiépiscopal, nankin, pékin,
brachial, orchestre, maki,
ankylose, orchis, wiski.

142. Le son *k* final s'écrit *c,*
1° Dans les substantifs masculins : *sac, bac, bec,
échec, bloc, choc,* etc.

Excepté :

aspect, distique, obélisque,
astérisque, district, pachalik,
calorique, émétique, panégyrique,
cantique, eunuque, portique,
carrique, évêque, socque,
casque, heiduque, soliloque,
catafalque, kalmouk, suspect,
cirque, kiosque, tropique,
cloaque, lexique, varech,
colloque, lévitique, wisk,
coq, looch, yacht,
cosaque, mamelouk, zodiaque ;
disque, masque,

2° Dans les adjectifs *caduc, grec, pec* (hareng),
public, sec, turc, ammoniac.

143. Les autres adjectifs, quel qu'en soit le genre,
et les noms féminins, se terminent par *que : opaque,
mélancolique, banque, boutique, fabrique,* etc.

144. Le son *s* initial devant *a* ne s'écrit *ç* que

dans *ça* (contraction de *cela*), et *çà* (adverbe de lieu et interjection).

145. Tous les autres mots commencent par *sa* : *salut*, *savoir*, etc.

146. Les mots suivants sont les seuls où le son *s* initial s'écrit *c* devant *e* :

Ce, et les dérivés, comme : *celui*, *cependant*, etc.; *celer*, *cenelle*, *cerise*, et les dérivés *cerisier*, *cerisaie*, *cerisette*.

147. Tous les autres mots commencent par *se* : *second*, *secret*, *semaine*, etc.

148. Devant é fermé, le son *s* initial s'écrit *c* dans les mots suivants :

céans,	*céleri*,	*cérat*,
cécité,	*célérité*,	*céréale*,
céder,	*céleste*,	*cérébral*,
cédille,	*célibat*,	*cérémonie*,
cédrat,	*cément*,	*céroïde*,
cédrie,	*cénacle*,	*cérumen*,
cédrite,	*cénobite*,	*céruse*,
cédule,	*cénotaphe*,	*césure*,
céladon,	*cépeau*,	*cétacé*,
célébrer,	*cépée*,	
célère,	*céphalalgie*,	

et les dérivés, comme : *célation*, *célibataire*, *célébrité*, etc.

149. Dans tous les autres mots, le son *s* initial s'écrit *s* devant é : *sécante*, *sécher*, *séduire*, etc.

150. Les seuls mots où le son *s* initial soit suivi de è, sont :

cèdre,	*sèche*,
cène,	*sève*.
cèpe,	

Cellier, *cellule*, *celle*, sont les seuls où le même

son, représenté par *c*, précède *el*; les autres mots s'écrivent *sel*, *scel* : *selle*, *sellier*, *sceller*, etc.

151. Le son *s* initial s'écrit *c* devant *en* : *cendre*, *censure*, *centre*, etc.

EXCEPTÉ :
sens et les dérivés, *sentier*, sentinelle.
sentence, sentine,

152. Le son *s* initial s'écrit *c* devant *er*, dans les mots suivants :

cercle,	cerner,	cervaison,
cercueil,	cerre,	cerveau,
cerf,	certain,	cervelas,
cerfeuil,	certeau,	cervier,
cerne,	certes,	cervoise,
cerneau,	certifier,	

et les dérivés : *cercler*, *certainement*, *cervelle*, etc.

153. Les autres mots commencent par *ser* : *serment*, *serpent*, *servir*, etc.

154. Devant *il*, le son *s* initial ne s'écrit *c* que dans *cil*, *cylindre*, *cilice*; et les dérivés : *ciller*, *cillement*, *cylindrique*.

155. Les autres mots s'écrivent par *sil* : *silence*, *sillonner*, etc.

156. Devant le son *in*, *s* initial ne s'écrit *c* que dans *cincenelle*, *cingleau*, *cingler*, *cinq*, *cintre*, et les dérivés, comme : *cinquième*, *cinquante*, etc.

157. Tous les autres mots commencent par *sin*, *sim*, *sain*, *sein* : *singe*, *simple*, *saintement*, *sein*, etc.

158. Le son *s* initial s'écrit *c* dans les mots qui commencent par *cir* : *circuit*, *circonstance*, etc.

EXCEPTÉ :
sire, sirop, sirupeux,
sirène, siroter, sirvente.
siroco, sirtes,

159. Le son *s* initial s'écrit encore *c* dans les mots suivants :

cep,   cicéronien,   cité,
cesser,   cid,   citer,
ceste,   cidre,   citérieur,
ciel,   cigare,   citerne,
cierge,   cigogne,   cithare,
cigale,   ciguë,   cytise,
cinéraire,   cil,   citrique,
cinnamome,   cime,   civette,
citron,   cimier,   civière,
citrouille,   ciment,   civil,
civet,   cimeterre,   civique,
ci,   cimetière,   cycle,
cible,   cimeux,   cyclope,
ciboire,   cinabre,   cygne,
ciboule,   cisailles,   cylindre,
cicatrice,   ciseau,   cynique,
cicéro,   citadelle,   cyprès.

160. Quand le son *s* initial est immédiatement suivi du son *k*, ces deux sons s'écrivent *sc : scabreux, scolastique, scrupule,* etc.

Excepté : *squelette, squirre* et les dérivés, ainsi que quelques termes techniques commençant par *squa* prononcé *skoua.*

161. Le son *s* initial s'écrit *sc* dans les mots suivants :

sceau,   sceptre,   scintiller,
scélérat,   sciagraphie,   scion,
sceller,   sciatique,   scissile,
scène,   scie,   scission,
scénite,   science,   scissure,
scénographie,   scillotte,
sceptique,   scinder,

et les dérivés, comme *scier, sciure, scientifique, scintillation,* etc.

162. Excepté les cas dont nous avons parlé ci-dessus, le son initial *s*, suivi d'une consonne, s'écrit *s* : *spectacle*, *smiller*, *spolier*, *stable*, etc.

163. Le son *s* médial s'écrit *ç*,

1° Devant *a*, dans *façade*, *fiançailles*, et dans quelques mots dérivés de primitifs qui ont un *c* : *commerce*, *commerçant*; *force*, *forçat*, etc.

2° Devant *o*, dans :

arçon,	*garçon*,	*poinçon*,
caleçon,	*hameçon*,	*rançon*,
caparaçon,	*leçon*,	*seneçon*,
charençon,	*limaçon*,	*soupçon*,
colimaçon,	*maçon*,	*tronçon*.
étançon,	*pinçon*,	
façon,	*plançon*,	

3° Devant *u*, dans : *gerçure*, *inaperçu*, *rinçure*, *reçu*, et les autres participes des verbes en *cevoir* : *décevoir*, *déçu*; *concevoir*, *conçu*, etc.

164. Le son *s* médial s'écrit *c*,

1° Dans tous les mots où il est précédé du son *k* : *accès*, *accident*, *succéder*, etc.

Remarquez que les deux sons s'écrivent *cc*.

2° Devant *i*, dans les adjectifs et les noms en *ien* : *ancien*, *mécanicien*, *logicien*, *praticien*, etc.

Excepté : *paroissien*, *prussien*.

3° Devant *i*, dans les noms féminins terminés en *-ité* : *cécité*, *simplicité*, *caducité*, *véracité*, etc.

Excepté : *adversité*, *diversité*, *nécessité*, *perversité*, *université*, *connexité* et autres mots dérivés de primitifs qui ont un *x*.

4° Devant *i* de la terminaison des verbes en *ir* : *durcir*, *noircir*, *obscurcir*, etc.

Excepté : *épaissir*, *grossir*, *réussir*, *roussir*, *transir*.

5° Dans les verbes suivants de la première conjugaison :

agacer,	ensemencer,	manigancer,
agencer,	épicer,	menacer,
amorcer,	épucer,	nuancer,
annoncer,	espacer,	percer,
avancer,	évincer,	pincer,
balancer,	exaucer,	placer,
bercer,	exercer,	policer,
cadencer,	farcer,	poncer,
commencer,	fiancer,	prononcer,
courroucer,	financer,	quittancer,
dénoncer,	foncer,	rapiécer,
décontenancer,	forcer,	renoncer,
dépecer,	froncer,	rincer,
devancer,	gercer,	saucer,
divorcer,	glacer,	semoncer,
effacer,	grimacer,	sucer,
émincer,	grincer,	tancer,
engeancer,	influencer,	tercer,
engoncer,	lacer,	tiercer,
énoncer,	lancer,	tracer.

Nota. Le c se conserve dans les dérivés et les composés.

6° Dans les mots suivants :

abécédaire,	acier,	calcédoine
acacia,	amonceler,	calciner,
acacie,	anticiper,	cancel,
acens,	apercevoir,	cancer,
acéphale,	apprécier,	capucin,
acérain,	arceau,	chanceler,
acerbe,	associer,	chancelier,
acérer,	atticisme,	cicéro,
acerre,	aviceptologie,	cicérone,
acérure,	bracelet,	circoncis,
acétate,	bucéphale,	clavecin,
acétique,	cacique,	codicille,
acide,	caducée,	coïncider,

concert,
concevoir,
concierge,
concile,
concilier,
concis,
crécelle,
crucifier,
décent,
décès,
décevable,
décider,
décime,
déicide,
déprécier,
dicélie,
docile,
domicile,
doucine,
dulcifier,
émaciation,
étinceler,
excepter,
excès,
exciper,
exciter,
exorciser,
explicite,
facétie,
facile,
falciforme,
farcin,
farcir,
faucille,
fécial,
féliciter,
foncier,

gallicisme,
gencive,
glacis,
grâce,
gynécée,
homicide,
hyacinthe,
hydrocèle,
imbécile,
implicite,
inceste,
incident,
inciter,
intercepter,
invincible,
isocèle,
lacérer,
lacis,
larcin,
licencier,
liciter,
licite,
lucide,
lucifer,
lycée,
macédoine,
macérer,
médecin,
mécène,
mercenaire,
merci,
mercier,
morceler,
nacelle,
narcisse,
nécessaire,
océan,

officinal,
pacifier,
panacée,
parcimonie,
participer,
percevoir,
pharmacie,
pinceau,
placet,
ponceau,
porcelaine,
porcelet,
pourceau,
précepte,
précieux,
précipiter,
préciput,
préciser,
préjudicier,
primicier,
principe,
puce,
puceron,
pumicin,
racine,
recenser,
récent,
receper,
récépissé,
réceptacle,
recevoir,
récidiver,
récif,
récipient,
réciproque,
réciter,
réconcilier,

régicide,	souricière,	taciturne,
remercier,	souriceau,	tercet,
ricin,	spécial,	tricéphale,
rinceau,	spécieux,	turcie,
saucisse,	spécimen,	vicinal,
sincère,	suicide,	vicissitude,
solliciter,	superficie,	voici,
sollicitude,	supplice,	violoncelle,
sorcier,	suspicion,	ulcère.
souci,	tacet,	
sourcil,	tacite,	

165. Le son *s* médial s'écrit *sc* dans les mots suivants :

abscisse,	discipline,	oscillation,
acquiescer,	escient,	périsciens,
antisciens,	faisceau,	piscine,
ascendant,	fascine,	plébiscite,
ascension,	hétérosciens,	réminiscence,
ascète,	immiscer (se),	rescinder,
asciens,	irascible,	résipiscence,
concupiscence,	lascif,	susceptible,
conscience,	miscible,	susciter,
discerner,	obscène,	transcendant,
disciple,	osciller,	viscère.

166. *Sc* se trouve encore dans les mots suivants,
où l'*s* ne sert qu'à rendre l'*e* ouvert :

adolescent,	descendre,	inflorescence,
convalescent,	dégénérescence,	vesce.
crescendo,	incandescence,	

167. Le son *s* médial s'écrit *c* devant *é, ée,* dans
les termes d'histoire naturelle et de médecine,
comme : *cétacé, herbacé, gallinacée.*

168. Le son *s* devant la terminaison *ion,* s'écrit
par *t,*

1° Après *a, e, i, o, p, u* (lettres qui composent

le mot *occupai* (*j'*)) : *occupation, action, pétition, potion, réception, résolution, restitution,* etc.

EXCEPTÉ :

passion,	*excussion,*	*répercussion,*
concussion,	*jussion,*	
discussion,	*percussion,*	

et les mots en *mission,* comme : *commission, mission, permission,* etc.

2° Dans les mots terminés en *crétion* et *vention : concrétion, discrétion, invention, convention,* etc.

3° Dans :

assertion,	*insertion,*	*portion,*
attention,	*intention,*	*prétention,*
contention,	*manutention,*	*proportion,*
désertion,	*mention,*	*réplétion,*
détention,	*obtention,*	*rétention.*

Nota. Le *t* se conserve dans les dérivés.

169. On écrit par *xion :*

connexion,	*réflexion,*
complexion,	*fluxion.*
flexion,	

170. Dans tous les cas non prévus ci-dessus, le son *s,* avant la terminaison *ion,* s'écrit *ss* ou *s,* selon qu'il est précédé d'une voyelle ou d'une consonne : *expression, immersion, pension, scission,* etc.

171. Le son *s* médial s'écrit *t* dans les mots suivants :

argutie,	*démocratie,*	*gentiane,*
aristocratie,	*diplomatie,*	*goétie,*
balbutier,	*épizootie,*	*ineptie,*
captieux,	*facétieux,*	*inertie,*
contentieux,	*factieux,*	*initier,*
Croatie,	*essentiel,*	*insatiable ;*

martial,	péripétie,	séditieux,
minutieux,	pestilentiel,	substantiel,
partial,	potentiel,	superstitieux,
partiel,	primatie,	suprématie,
patience,	prophétie,	théocratie,
patient,	propitiation,	vénitien,
pénitentiaux,	propitiatoire,	
pénitentiel,	sapientiaux,	

et les dérivés et composés, comme : *facétie*, *minutie*, *suprématie*, *impatient*, etc.

172. Hors des cas prévus ci-dessus, le son *s* médial s'écrit *ss* entre deux voyelles, et *s* dans les autres cas.

173. Le son *s* final s'écrit *ce*,

1° Dans les mots terminés en *ance*, *anse* : *connaissance*, *absence*, etc.

EXCEPTÉ :

danse,	immense,	transe,
défense,	intense,	pense (il),
dense,	offense,	dépense,
dépense,	panse,	récompense (il).
dispense,	panse (il),	
ganse,	récompense,	

2° Dans les noms et les adjectifs terminés en *ice* : *délice*, *hospice*, *avarice*, *malice*, *propice*, *spectatrice*, etc.

EXCEPTÉ :

coulisse,	génisse,	pelisse,
cuisse,	jaunisse,	pythonisse,
éclisse,	lisse (adjectif),	réglisse,
écrevisse,	mélisse,	saucisse,
esquisse,	narcisse,	Suisse.

Remarque. Les verbes *policer* et *épicer* sont les seuls en *icer*; tous les autres s'écrivent *isser*: *plisser*, *glisser*, etc.

3° Dans les mots terminés en *ince*, *once* : *province*, *mince*, *once*, *nonce*, etc.

EXCEPTÉ *réponse*.

174. *Ace* termine :

audace,	face,	rapace,
besace,	fallace,	rosace,
bonace,	grâce,	rubace,
contumace,	limace,	sagace,
coriace,	populace,	tenace,
dédicace,	préface,	vivace,
efficace,	race,	vorace,

et les dérivés des verbes en *cer*; ainsi l'on écrit :

grimace, à cause de *grimacer*;
glace, etc. — glacer, etc.

175. *Arce* termine *farce*.

176. *Auce* termine *sauce*, *exauce* (il).

177. *Ece* termine *espèce*, *Grèce*, *nièce* et *pièce*.

178. *Oce* termine *atroce*, *féroce*, *négoce*, *précoce*, noce, sacerdoce, *véloce*.

179. *Orce* termine *amorce*, *divorce*, *écorce*.

180. *Ouce* termine *douce*, *pouce*.

181. *Source* est le seul mot en *ource*.

182. *Uce* termine *astuce*, *puce*, *suce* (il).

183. Hors des mots compris ci-dessus, le son *s* final s'écrit *se*, *sse* : *bourse*, *valse*, *tasse*, *bécasse*, etc.

Excepté : *ours*, dont le féminin est *ourse*.

184. La consonne c, entre deux sons voyelles, se redouble,

1° Dans les mots qui commencent par *ac*, *oc* : *accabler*, *accaparer*, *accepter*, *occasion*, *occuper*, etc.

Excepté :

acabit,	acajou,	acolyte,
acacia,	acariâtre,	oculaire,
académie,	acanthe,	oculiste,
acagnarder,	acoquiner,	

et les dérivés, ainsi que quelques mots techniques.

2º Dans les mots suivants :

bacchus,	*ecclésiaste,*	*saccager,*
bacchante,	*ecclésiastique,*	*succomber,*
ecchymose,	*peccable,*	*succulent,*
ecclésiarque,	*saccader,*	*succursale,*

ainsi que les dérivés et quelques termes techniques.

185. Dans les autres mots, la prononciation indique si le *c* est double ou simple : *succès, sucer,* etc.

DU SON *D.*

186. Au commencement et au milieu des mots, le son *d* s'écrit *d* : *danse, don, conduire, réduire,* etc.

187. A la fin des mots, le son *d* s'écrit *de* : *corde, raide,* etc.

Excepté : *sud, talmud, Sund* (détroit), et quelques noms propres.

188. La consonne *d* ne se redouble que dans : *addition, adducteur, reddition,* et dans les dérivés, comme : *additionner, additionnel,* etc.

DU SON *F.*

189. Le son *f* initial s'écrit *ph* dans les mots suivants :

phaéton,	*phénix,*	*physionomie,*
phalange,	*phénomène,*	*physique,*
phantasmagorie,	*philanthrope,*	*phonique,*
phare,	*philologue,*	*phoque,*
pharisien,	*philharmonique,*	*phosphore,*
pharmacie,	*philomathique,*	*phrase,*
pharynx,	*philtre,*	*phthisie,*
phase,	*philosophie,*	*physiologie,*

et dans un grand nombre de termes techniques.

190. Les dérivés et composés conservent *ph*; ainsi l'on écrit : *pharmacien, pharmaceutique, périphrase, euphonique*, etc.

191. Dans les autres mots, le son *f* initial s'écrit *f: fable, fille, folie*, etc.

192. Le son *f* final s'écrit *phe*,

1° Dans les mots qui finissent par *afe : épitaphe, géographe*, etc.

EXCEPTÉ :

agrafe,	*gaffe,*	*pataraffe.*
carafe,	*piaffe,*	
girafe,	*parafe,*	

2° Dans ceux qui finissent en *of : limitrophe, philosophe, strophe*, etc.

EXCEPTÉ : *étoffe, golfe, lof* (terme de marine).

3° Dans les mots suivants :

apocryphe,	*logogriphe,*	*nymphe,*
hiéroglyphe,	*lymphe,*	*triomphe.*

193. Le son *f* final s'écrit *ffe* dans les mots suivants :

bouffe,	*greffe* (un),	*touffe,*
chiffe,	*greffe* (une),	*truffe.*
escogriffe,	*griffe,*	

194. Il s'écrit *fe* dans *brife, calife, guelfe, pontife.*

195. Dans les autres mots, le son *f* final s'écrit *f: soif, nef, vif*, etc.

Remarque. On écrit *clef, cerf*, bien que, dans ces deux mots, on ne prononce pas la consonne *f.*

196. Le son *f* médial s'écrit *ph*,

1° Dans les mots qui commencent par *amphi : amphibie, amphibologie*, etc.

EXCEPTÉ *enficeler, enfilade, enfiler, enfileur.*

2° Dans les mots qui finissent en *phage* et *phonie :*

anthropophage, sarcophage; cacophonie, euphonie, etc.

EXCEPTÉ : chauffage.

3°. Dans les mots suivants :

alphabet,
amphore,
aphélie,
aphorisme,
aphonie,
aphte,
blasphème,
bibliophile,
camphre,
colophane,
coryphée,
dauphin,
diaphane,
diaphragme,
diphthongue,
éléphant,
emphase,
éphémère,
épiphanie,
éphore,
euphémisme,
hydrophobe,
méphitique,
métamorphose,
naphte,
néphrétique,
néophyte,
ophthalmie,
orphelin,
pamphlet,
prophète,
saphir,
séraphin,
siphon,
sophisme,
sphère,
sphinx,
trophée,
typhus.

197. Les dérivés conservent ph : emphatique, prophétie, sophistique, sphérique, etc.

198. Dans les autres mots, le son f médial s'écrit f, ff : confier, défendre, offrir, souffrir, etc.

199. La consonne f se redouble,

1° Dans les mots qui commencent par af : affranchir, affermir, afficher, etc.

EXCEPTÉ : afin, Afrique, Africain, Africaine.

2° Dans ceux qui commencent par ef : effacer, efficace, effort, etc.

EXCEPTÉ : efaufiler, éfourceau.

3° Dans les mots qui commencent par bouf, chif, (1) dif, gref, grif, of : bouffir, chiffre, diffus, greffier, greffe, griffon, offense, etc.

(1) Remarquez que dans les mots qui commencent par def, la consonne f ne se redouble pas : défaut, défaillir, défendre, etc.

4° Dans ceux qui commencent par *sif, suf, souf* :
sifflet, suffire, souffrir, etc.

EXCEPTÉ *soufre* (du) et les dérivés, comme : *soufré, sulfureux*, etc.

5° Dans les mots suivants :

beffroi,	*chauffer,*	*gouffre,*
biffer,	*coiffer,*	*piffre,*
buffet,	*ébouriffer,*	*pouffer,*
buffeter,	*échauffourée,*	*rebuffade,*
buffle,	*étouffer,*	*soffite,*
buffleterie,	*fieffé,*	*taffetas,*

et dans les dérivés, comme : *coiffure, étouffement,*
etc.

DES SONS G ET J.

200. La consonne *g* représente deux sons : le son dur *gue* devant *a, o, u*; le son doux *j* devant *a, é, è, ê, i, y : gage, gibier, gobelet, guttural, Égyptien*, etc.

201. Pour adoucir le son du *g* devant *a, o, u*, on le fait suivre d'un *e* muet : *orgeat, esturgeon, gageure*, etc.

202. Quand la consonne *g* doit représenter le son *gue* devant *e, é, è, ê, i*, on la fait suivre d'un *u : baguenauder, guide, guérite, guêpe*, etc.

Remarque. Dans les verbes terminés en *guer*, comme : *naviguer, fatiguer*, on conserve l'*u* devant *a, o : nous naviguons*, vous *fatiguâtes*, etc.

203. Le son *gue* final s'écrit *gue : figue, intrigue, fatigue*, etc.

EXCEPTÉ : *joug, zig-zag*, et quelques mots étrangers.

204. La consonne *g* se redouble dans les mots suivants : *agglomérer, agglutiner, aggraver, suggé-*

rer, et dans les dérivés, comme : *agglomération*, *agglutination*, *aggravant*, etc.

205. Le son *j* initial s'écrit *j* devant *a, au, o, u, an, on, eu, ou* : *javelot, jauge, joli, juger, janvier, jambe, joncher, jeûne, jouir*, etc.

Excepté : *geai* (oiseau), *geôle ;* et les dérivés, comme : *geôlier, geôlage*, etc.

206. Le même son s'écrit *g* devant *e, i, in* : *geler, gémir, gêne, giberne, gymnase, gingas, gimblette*, etc.

Excepté : *je* (pronom), *jérémiade, Jésus ; jeter*, et les dérivés, comme : *jet, jeton*, etc.

207. Le son *j* médial s'écrit *g* devant *e, i* : *congeler, congédier, indigeste, magistrat*, etc.

Excepté :

1º Les composés des mots qui commencent par *j ;* ainsi l'on écrit :

enjamber,	à cause de	*jambe ;*
enjaveler,	—	*javelle ;*
enjeu ,	—	*jeu ;*
enjoliver,	—	*joli ;*
déjeûner, etc. —		*jeûne*, etc.

2º Les mots suivants :

abject,	*majesté*,	*sujet*,
adjectif,	*majeur*,	*surjet*,
conjecturer,	*objecter*,	
injecter,	*objet*,	

et les dérivés, comme : *conjecture, injection, objection*, etc.

208. Le son *j* médial s'écrit encore *g* dans les substantifs terminés par *jon* : *pigeon, plongeon, badigeon*, etc.

Excepté *donjon, goujon*.

DE LA CONSONNE *H*.

209. Cette consonne ne représente aucun son ; elle n'est, dans la plupart des mots, qu'une lettre

étymologique sans influence sur la prononciation : *habile, honorer*, etc., se prononcent comme s'ils étaient écrits *abile, onorer*. Aussi dit-on, dans ce cas, que l'*h* est muette.

240. Dans certains mots, l'*h* fait prononcer avec plus de force la voyelle suivante. On dit alors que l'*h* est aspirée : *hache, héros*, etc.

241. L'*h* aspirée initiale empêche l'élision de la voyelle finale du mot précédent ; on écrit donc : *la hache, le héros ;* et en rend nulle la consonne finale : ainsi, *des haches, de fameux héros*, se prononcent, sans liaison, *dé haches, de fameu héros*.

242. L'emploi de la consonne *h* a été indiqué, en grande partie, quand nous avons traité de l'orthographe des sons voyelles ; la seule chose qui nous reste à en dire maintenant, c'est qu'elle se trouve au commencement des mots suivants :

»*harceler,*	*hebdomadaire,*	*hermite,*
»*harde,*	*Hellènes* (les Grecs),	»*herpe,*
»*hardes,*	*helminthologie,*	»*herse,*
»*hardi,*	*Helvétie* (la Suisse),	»*horde*
»*hargneux,*	*herbe,*	*horloge,*
harmonie,	*Hercule,*	»*hormis,*
»*harnacher,*	*hermandade,*	*horrible,*
harpagon,	*hermaphrodite,*	»*hors,*
»*harpe,*	*hermès,*	*hortensia,*
»*harper,*	*hermétique,*	*hortolage,*
»*harpon,*	*hermine,*	*horticulture,*
»*hart,*	»*hernie,*	

et les dérivés, comme : »*hardiesse, harmonieux, horreur*, etc.

243. Pour les sons *j* et *k*, voir pages 50 et 34.

DU SON *L*.

214. *L* mouillée est toujours précédée d'un *i* (1).

215. Au milieu des mots, *l* mouillée est toujours double : *bouillon, paillasse, merveilleux*, etc.

216. A la fin des noms et des adjectifs féminins, ainsi que des verbes, *l* mouillée est toujours double et suivie d'un *e* muet : *bouteille, paille, des lèvres vermeilles, des actions pareilles, je brouille, il pille, elle baille*, etc.

217. A la fin des noms et des adjectifs masculins, *l* mouillée est simple et non suivie d'un *e* muet : *un bail pareil, un visage vermeil*, etc.

218. La consonne *l*, quand elle n'est pas mouillée, se redouble,

1° Dans les mots qui commencent par *al* : *allée, allumer, allégresse*, etc.

EXCEPTÉ :

alambic,	alèze,	aloès,
alarmer,	alidade,	alonger,
alêne,	altérer,	aloi,
alentour,	aligner,	alors,
alépine,	aliment,	alose,
alerte,	alinéa,	alouette,
aloser,	aliquote,	alourdir,
alevin,	aliter,	aloyau,
alexandrin,	alizé,	alun,
alezan,	alize,	alumine,

et les dérivés, comme : *aliénation, alignement*, etc.

2° Dans les mots qui commencent par *il*, comme : *illuminer, illustre, illusion*, etc.

EXCEPTÉ : *île, iliaque, îlot* et quelques termes techniques.

(1) *L* mouillée ne se trouve entre deux *i* que dans *joaillier, quincaillier, marguillier, groseillier, mancenillier, fourmillier, aiguillier, médaillier, quillier*.

3° Dans les mots qui commencent par *col*: *colla-tion*, *collection*, *collet*, etc.

EXCEPTÉ :

colère,	*colisée*,	*colorer*,
colibri,	*colombe*,	*colophane*,
colifichet,	*colon*,	*coloris*,
colimaçon,	*colonel*,	*colosse*,
colique,	*colonne*,	*colure*,
colin-maillard,	*coloquinte*,	*colza*,

et les dérivés, comme : *colonie*, *colossal*, *colorisation*, etc.; ainsi que quelques termes techniques.

4° Dans les mots suivants :

calleux,	*million* (et autres	*parallèle*,
cellier,	noms de nombre),	*polluer*,
cellule,	*pallier*,	*pulluler*,
exceller,	*pallium*,	*solliciter*,
gallican,	*palladium*,	*vallée*,

et dans les dérivés, comme : *excellence*, *parallélisme*, *sollicitation*, etc.

Remarque. Dans les mots qui commencent par *el*, la consonne *l* ne se redouble que dans *elle* (pronom), *ellébore*, *ellipse*, et les dérivés.

219. *Al* termine les noms et les adjectifs masculins : *bal*, *quintal*, *carnaval*, *moral*, *principal*, *filial*, etc.

EXCEPTÉ :

cannibale,	*mâle*,	*scandale*,
dédale,	*pâle*,	*vandale*.
intervalle (un),	*râle*,	
ovale,	*sale* (adjectif).	

220. *Ale* termine les substantifs et les adjectifs féminins, ainsi que les verbes : *cabale*, *timbale*, *morale*, *filiale* ; *j'étale*, *j'avale*, etc.

EXCEPTÉ :

balle,	*halle*,	*stalle*,
dalle,	*malle*,	*j'installe*,
galle (noix de),	*salle*,	*j'emballe*.

Les dérivés conservent les deux *ll* : *installation*, *emballage*, etc.

221. *El* termine les substantifs et les adjectifs masculins : *sel, manuel, naturel, cruel,* etc.

EXCEPTÉ :

érysipèle,	*modèle,*	*violoncelle,*
fidèle,	*parallèle,*	*zèle.*
frêle,	*rebelle,*	
libelle,	*vermicelle,*	

222. *Elle* termine les substantifs et les adjectifs féminins : *bagatelle, chapelle, nouvelle, cruelle,* etc.

EXCEPTÉ : *clientèle, grêle, hydrocèle* et autres termes techniques.

223. *Ille* termine les mots suivants :

calville,	*mille,*	*vacille* (il),
codicille,	*oscille* (il),	*vaudeville,*
distille (je),	*pupille,*	*ville.*
gille,	*tranquille,*	

Les dérivés conservent les deux *ll* : *codicillaire, distillation, oscillation,* etc.

224. *Il* termine,

1° Les substantifs masculins autres que ceux en *ille* donnés ci-dessus : *péril, exil, pistil,* etc.

EXCEPTÉ :

asile,	*domicile,*	*péristyle,*
concile,	*imbécile,*	*reptile,*
crocodile,	*évangile,*	*style.*

2° Les adjectifs suivants : *bissextil, civil, puéril, subtil, vil, viril, volatil.*

225. Les autres adjectifs finissent par *ile* : *facile, utile,* etc.

226. *Ile* termine les noms et les adjectifs féminins autres que ceux en *ille* : *file, pile, une âme vile, une leçon facile,* etc.

Excepté : *idylle* et *sibylle*.

227. *Oil* ne termine que le substantif *poil*; tous les autres mots finissent par *oile* : *étoile*, *voile*, etc.

228. *Oille* ne termine aucun mot.

229. *Ol* termine les noms et les adjectifs masculins : *vol*, *sol*, *Espagnol*, *fol*, etc.

Excepté : *pôle*, *capitole*, *protocole*, *symbole*, *rôle*.

230. *Ole* termine,

1° Les substantifs féminins et les adjectifs des deux genres : *école*, *fiole*, *frivole*, etc.

Excepté *colle* et les dérivés.

2° Les verbes : *je console*, *j'immole*, *je raffole*, etc.

Excepté : *je colle* et les dérivés.

231. *Aule* termine *épaule*, *gaule*, *miaule* (il), *saule*.

232. *Oul* se trouve à la fin de l'adjectif *soûl*, qui fait au féminin *soûle*.

233. *Oule* termine tous les autres mots : *boule*, *foule*, *poule*, etc.

234. *Ul* termine *accul*, *calcul*, *consul*, *recul*.

235. *Ule* termine tous les autres substantifs, soit masculins, soit féminins, ainsi que les adjectifs : *crépuscule*, *monticule*, *cellule*, *fistule*, *crédule*, *ridicule*, etc.

Excepté, pour le masculin, *tulle*; pour le féminin, *bulle*; pour les adjectifs, *nul*, qui fait au féminin *nulle*.

DU SON M.

236. Au commencement et au milieu des mots, le son *m* s'écrit *m*, excepté les cas où cette consonne se redouble.

237. Le son *m* final s'écrit *m* dans les mots suivants :

album,   maximum,   post-scriptum,
décorum,   minimum,   rhum,
galbanum,   opium,   te Deum,
intérim,   laudanum,

Et quelques autres mots latins.

238. Dans tous les autres mots, le son *m* final
s'écrit *me* : *dame*, *rame*, *rime*, etc.

239. La consonne *m* se redouble,

1° Dans les mots qui finissent par *gramme* : *épi-
gramme*, *programme*, etc.

2° Dans les mots qui commencent par *com* : *com-
mander*, *commencer*, *commettre*, etc.

Excepté :

comédie,   comices,   comte ou come (offi-
comestibles,   comique,   cier des galères),
comète,   comité,   comirs,

et les dérivés, comme : *comédien*, *comiquement*, etc.

3° Dans les mots qui commencent par *im* : *immense*, *immortel*, *immuable*, etc.

Excepté : *image*, *imaginer*, *iman*, *imiter*, et les dérivés,
comme : *imagination*, *imaginable*, *imitation*, etc.

4° Dans les mots suivants :

ammoniac,   flamme,   pomme,
dommage,   femme,   pommeler (se),
emmailloter,   gamme,   sommaire,
emmancher,   gemme,   somme,
emménager,   gomme,   sommer,
emmener,   grammaire,   sommeil,
emmieller,   hommage,   sommelier,
emmitoufler,   homme,   sommet,
emmenoter,   nommer,   sommier,
emmuseler,   pommade,   sommité,

et les dérivés, comme : *grammairien*, *pommier*, *som-
meiller*, etc. Excepté *homicide* et *nomination*.

DU SON N.

240. Le son *n* initial s'écrit *n* : *niveler, navire, notre*, etc.

241. Le son *n* médial s'écrit *n* : *venir, analogie, anoblir*, etc.

EXCEPTÉ : *damner, condamner* et les dérivés, ainsi que les mots où la consonne *n* se redouble.

242. Le son *n* final s'écrit *n* dans les mots suivants :

abdomen,	*éden,*	*hymen,*
amen,	*gramen,*	*lichen,*
examen (1),	*gluten,*	*pollen.*

243. Dans les autres mots, le son *n* final s'écrit *ne* : *caverne, origine, cène*, etc.

EXCEPTÉ : *automne, damne* (il) *condamne* (je), et les mots où la consonne *n* est redoublée.

244. La consonne *n* se redouble,

1° Dans les dérivés des mots terminés par *on;* ainsi l'on écrit :

prisonnier, à cause de *prison;*
poltronnerie, — *poltron;*
raisonner, etc., — *raison*, etc.

EXCEPTÉ :

colonie,	*donation,*	*patronal,*
démoniaque,	*intonation,*	*saumoneau,*
détonation,	*limonade,*	*septentrional.*
détoner (s'enflammer	*national,*	
avec bruit),	*patronage,*	

2° Dans le féminin des adjectifs terminés au masculin par *éen, ien* : *européenne, vendéenne, ancienne, musicienne*, etc.

(1) On prononce aussi *examin*.

3° Dans les verbes *prendre*, *tenir*, *venir*, et leurs composés, quand la conjugaison amène après la consonne *n* le son de l'e muet : *ils prennent*, *que je tienne*, *que tu viennes*, etc.

4° Dans les mots suivants :

anneau,	connexion,	manne,
année,	connexité,	mannequin,
annoncer,	conniver,	monnaie,
annexer,	chaconne,	nenni,
annihiler,	couenne,	nonne,
annoter,	couronne,	panne,
annuler,	cretonne,	paonne,
antenne,	ennemi,	panneton,
antienne,	ennoblir,	panneau,
banne,	ennuyer,	paonneau,
banneret,	étrenne,	penne,
banneton,	faonne,	pinnule,
bannière,	garenne,	personne,
bannir,	hanneton,	renne (le),
benne,	hennir,	solennel,
bonnet,	honnête,	Sorbonne,
canne,	honneur,	Suzanne,
cannelle,	honnir,	tonneau,
canneler,	innocent,	tonnerre,
cannetille,	innombrable,	tyrannique,
cannibale,	inné,	vanneau,
cinnamome,	innover,	vanneur,
connétable,	julienne,	

et dans les dérivés, comme : *annuel*, *annales*, *tonnelier*, etc.

Remarque. On écrit avec une seule *n* : *honorer*, *honorable*, et les autres dérivés d'*honneur*.

DU SON *P*.

245. Au commencement et au milieu des mots, le son *p* s'écrit *p* : *paraître*, *pipe*, *api*, *apanage*, etc.

246. A la fin des mots, le son *p* s'écrit *pe*: *soupe*, *guêpe*, *carpe*, etc.

ExCEPTÉ :

cap,   jalep,   sloop (prononcez
cep,   salep,   sloup),
et quelques noms propres, comme : *Gap*, *Alep*.

247. Ne sont pas compris dans les règles ci-dessus les mots où la consonne *p* se redouble.

248. La consonne *p* se redouble,

1° Dans les mots qui commencent par *ap*: *appartement*, *appesantir*, *approuver*, etc.

ExCEPTÉ :

1° Les mots qui commencent par *apo*., autres que *appointement*, *apporter*, *apposer*, et les dérivés.

2° Les mots suivants :

apaiser,   apéritif,   apologue,
apanage,   api ,   apologie,
aparté,   apitoyer,   âpre,
apathie,   aplanir,   après,
apercevoir,   aplatir,   apurer,
apetisser,   aplomb ,

et les dérivés, comme : *apercevable*, *aplatissement*, *apurement*; etc.

2° Dans les mots qui commencent par *oppo*, *oppr*: *opposer*, *opprimer*, etc.

3° Dans ceux qui commencent par *sup* : *suppléer*, *supprimer*, etc.

ExCEPTÉ : *supérieur*, *suprématie*, *suprême*, *supin*, et tous les mots qui commencent par *super*, comme : *superbe*, *supercherie*, etc.

4° Dans les mots suivants :

développer,   grappe,   japper,
échapper,   grippe,   lippe,
échoppe,   »houppe,   nappe ,
envelopper,   »houppelande ,   nippe,
frapper,   »huppe,   trappe,

dans les dérivés, comme : *jappement*, *échappe-ment*, etc.

DU SON Q.

249. Le son représenté par la consonne *q* a été traité pages 34 et suivantes.

250. Au lieu de redoubler la consonne *q*, on la fait précéder d'un *c*, ce qui n'a lieu que dans *acquérir, acquiescer, acquitter*, et les dérivés, comme : *acquisition, acquiescement*, etc. ; *becqueter*, et les dérivés.

DU SON R.

251. Le son *r* initial s'écrit *r* ou *rh* : il s'écrit *rh* dans les mots suivants :

rhabiller, *rhinocéros,* *rhum,*
rhagades, *rhombe,* *rhume,*
rhéteur, *rhomboïde,* *rhythme,*
rhétorique, *Rhône* (fleuve),
Rhin (fleuve), *rhubarbe,*

et dans les dérivés , comme : *rhabillage, rhétoricien,* etc. ; ainsi que dans un grand nombre de termes techniques.

252. Dans les autres mots, le son *r* initial s'écrit *r* : *rasoir, rival, rond, ride*, etc.

253. Le son *r* médial s'écrit *rrh* dans *diarrhée, pyrrhique, pyrrhonien.*

254. Dans les autres mots, le son *r* médial s'écrit *r* : *purifier, pirouette*, etc.

Excepté les cas où la consonne *r* se redouble.

255. *Arre* termine les mots suivants :

amarre (je),	bigarre (je),	escarre,
bagarre,	bizarre,	jarre,
bécarre,	carre,	simarre,
barre,	chamarre (je),	tintamarre.

256. *Ar* termine :

bazar,	czar,	par (préposition),
cauchemar,	hangar,	*Var* (rivière).
coquemar,	instar,	
char,	nectar,	

257. *Ard* termine :

1° Les mots où la dérivation indique le *d* ; ainsi l'on écrit :

> dard, à cause de *darder* ;
> lard, — *larder* ;
> placard, — *placarder* ;
> tard, etc., — *tarder* ; etc.

2° Les mots suivants :

boulevard,	foulard,	poupard,
brancard,	gadouard,	puisard,
brouillard,	homard,	traquenard,
corbillard,	léopard,	vieillard.
épinard,	nard,	
étendard,	pelard,	

258. *Art* termine :

1° Les mots où la dérivation indique un *t* ; ainsi l'on écrit :

> art, à cause de *artisan* ;
> part, — *partage* ;
> quart, etc., — *quarteron* ; etc.

2° Les mots suivants :

braquemart,	hart,	poupart,
brocart,	jaquemart,	rempart.

259. *Are* termine les autres mots : *avare*, *fanfare*, *rare*, etc.

EXCEPTÉ : *épars*, *jars*, *marc*.

260. *Er* termine :

belvéder,	*frater,*	*mer,*
cancer,	*gaster,*	*pater,*
cuiller,	*hier,*	*stathouder,*
enfer,	*hiver,*	*ver,*
fier,	*lucifer,*	
fer,	*magister,*	

et quelques termes techniques , ainsi que les noms et les adjectifs dont le féminin est terminé par *ère*.

261. *Ers*, *ert*, terminent les mots où la dérivation indique *s* , *t* ; ainsi l'on écrit :

convers,	à cause de	*converse ;*
divers,	—	*diversité ;*
concert,	—	*concertant ;*
désert, etc.,	—	*déserter ;* etc.

262. On écrit, sans raison de dérivation : *vers, revers, envers, clerc* (d'avoué).

263. *Erre* termine les mots suivants :

cimeterre,	*ferre* (je),	*terre,*
desserre,	*guerre* (la),	*tonnerre,*
équerre,	*parterre,*	*verre.*
erre (je),	*pierre,*	
erre,	*serre,*	

264. *Ère* termine ,

1° Les noms et les adjectifs féminins dont le masculin est terminé par *er* ; ainsi l'on écrit :

boulangère,	à cause de	*boulanger ;*
bergère,	—	*berger ;*
chère,	—	*cher ;*
messagère, etc.,	—	*messager ;* etc.

2° Ceux où la dérivation amène un *é* fermé à la place de l'*è* ouvert ; ainsi l'on écrit :

austère,   à cause de *austérité*;
chimère,   —   *chimérique*;
misère,   —   *misérable*;
prospère, etc.,   —   *prospérité*; etc. (1).

3° Les noms et les adjectifs terminés par *fère* : *calorifère*, *célérifère*, etc.

4° Les noms féminins terminés par *ière* : *lumière*, *bière*, etc.

5° Les mots suivants :

adultère,	*fougère*,	*père*,
artère,	*guère* (adverbe),	*planisphère*,
baptistère,	*harengère*,	*presbytère*,
chère (festin),	*hère* (un pauvre),	*réverbère*,
cimetière,	*mégère*,	*stère*,
confrère,	*mère*,	*viscère*.
cratère,	*monastère*,	
ère,	*naguère*,	

265. *Air* termine,

air,	*clair*,	*impair*.
chair,	*éclair*,	*pair*,

266. *Aire* termine les autres mots : *auxiliaire*, *bréviaire*, *maire*, *paire* (une), etc.

267. *Yre* termine *lyre*, *porphyre*, *satyre* (demi-dieu), *martyre* (supplice) (2).

268. *Ire* termine,

1° Les verbes dont le participe présent est terminé par *sant* prononcé *zant*, ou par *vant*; ainsi l'on écrit :

écrire,   à cause de *écrivant*;
lire,   —   *lisant*;
prescrire,   —   *prescrivant*;
suffire, etc.   —   *suffisant*; etc.

(1) Voy. pag. 9.
(2) *Martyr*, celui qui souffre, ne prend un *e* qu'au féminin.

Excepté *servir*.

2° Les mots suivants :

bruire,	*maudire,*	*sbire,*
cire,	*mire,*	*sire,*
délire,	*navire,*	*tire-lire,*
empire,	*pire,*	*vampire,*
frire,	*rire,*	*Zéphire* (divinité
hégire,	*satire* (poëme),	de la fable).

269. *Ir* termine les autres mots : *désir, munir, plaisir,* etc.

Excepté : *myrrhe, squirre.*

270. *Aure* termine *centaure, maure, minautaure, restaure* (je).

271. *Ore* termine,

aurore,	*météore,*	*sonore,*
ellébore,	*more,*	*store,*
encore,	*pécore,*	*sycomore,*
flore,	*phosphore,*	*Terpsichore,*
métaphore,	*pore,*	*tricolore.*

272. *Orre* ne se trouve que dans *j'abhorre.*

273. *Or* termine les autres mots : *butor, essor, trésor,* etc.

274. *Ur* termine les noms et les adjectifs masculins : *mur, azur, dur, pur,* etc. ; et la préposition *sur.*

275. *Ure* termine les autres mots : *aventure, brûlure, endure* (je), etc.

276. *Eur* termine,

1° Les adjectifs masculins : *antérieur, menteur, postérieur,* etc.

2° Les substantifs : *docteur, imprimeur, fleur, odeur,* etc.

Excepté :

- Pour le masculin, *beurre, bonheur, chœur* (de voix), *cœur, heur, leurre, feurre, malheur* ;
Pour le féminin, *heure, demeure, sœur.*

277. La consonne *r* se redouble,

1° Dans les mots qui commencent par *ar*, comme : *arracher, arroser, arrêter*, etc.

Excepté :

arabe,	*arène,*	*Aristarque,*
araignée,	*arête,*	*aristocrate,*
aratoire,	*aréole,*	*arithmétique,*
aréomètre,	*arianisme,*	*aromate,*
aréopage,	*aride,*	*aruspice,*
are (mesure),	*ariette,*	

et les dérivés, comme : *aridité, ariens, aromatique,* etc.

2° Dans les mots qui commencent par *cor*, comme : *correspondant, corriger*, etc.

Excepté :

corail,	*coriace,*	*corollaire,*
coralline,	*corinne,*	*corolle,*
coran,	*corinthien,*	*coronal,*
coresse,	*coris,*	

et les dérivés, ainsi que quelques termes techniques.

3° Dans les mots qui commencent par *ir*, comme : *irréfléchi, irrégulier*, etc.

Excepté : *irascible, ire* (colère), *iris, ironie, iroquois,* et les dérivés.

4° Au futur et au conditionnel présent des verbes *envoyer, courir, mourir, pouvoir, voir,* et des composés de ces verbes, ainsi que de ceux du verbe *quérir,* comme : *acquérir, conquérir*, etc.

5° Dans les mots suivants :

barrer,	*barrique,*	*bourre,*
barrette,	*bourrache,*	*bourreau,*
barricade,	*bourras,*	*bourrée,*
barrière,	*bourrasque,*	*bourreler,*

bourrelier,	courroucer,	merrain,
bourrer,	courroux,	narrer,
bourriche,	derrière,	nourrir,
bourrique,	errant,	parrain,
bourron,	errata,	parricide,
bourru,	errement,	perron,
carre,	erre,	perroquet,
carré,	erreur,	perruche,
carreau,	erroné,	perruque,
carrefour,	fourrage,	pourrir,
carrelage,	fourreau,	sarrau,
carreler,	fourrer,	sarrasin,
carrelet,	fourrier,	sarrette,
carrer,	garrot,	serre,
carrick,	horreur,	serrure,
carrier,	interroger,	terrain,
carrière,	interrompre,	terrasse,
carriole,	interrègne,	terreau,
carrosse,	jarre,	terreur,
carrousel,	jarret,	terrifier,
carrure,	jarreter,	terroir,
charretier,	jarretière,	torride,
charrette,	marraine,	verrat,
charrue,	marre,	verre,
courrier,	marri (fâché),	verrou,
courroie,	marron,	verrue,

et dans les dérivés, comme : *carrossier, interroga-
tion, marronnier*, etc.

DES SONS S ET Z.

278. La consonne *s* représente deux sons : le son
s et le son *z*. Elle représente le son *s* au commencement des mots, et dans le corps des mots, quand
elle est placée entre une consonne et une voyelle
(voir pag. 39 et suiv.); elle représente le son *z*,

quand elle se trouve entre deux voyelles : *serment, version, poison, nuisible,* etc.

279. Dans les mots suivants, la consonne *s,* bien qu'elle soit entre deux voyelles, représente le son *s :*

désuétude ,	*polysyllabe,*	*resacrer,*
entre-sol ,	*polysynodie ,*	*vraisemblable ,*
monosyllabe,	*préséance,*	
parasol,	*présupposer,*	

et les dérivés, comme : *présupposition, vraisemblance,* etc.

280. Le son *z* initial s'écrit toujours *z : zèle, zinc,* etc.

281. Le son *z* médial s'écrit *z* quand il se trouve entre une consonne et une voyelle : *donzelle, gerzeau,* etc.

282. Le son *z* médial, quand il se trouve entre deux voyelles, s'écrit *z* dans les mots suivants :

alizier,	*bezan ,*	*ghazel,*
amazone ,	*bezestin,*	*horizon ,*
apozème,	*bezette ,*	*kazine ,*
azamoglan,	*bézoard ,*	*lazaret ,*
azédarac,	*bizarre ,*	*lézard ,*
azerbe,	*bizert,*	*luzerne ,*
azerole,	*brize,*	*mazette ,*
azi,	*brizomancie ,*	*mézelaine ou mé-*
azier ,	*dizain,*	*zeline,*
azimut,	*dizaine,*	*mozarabe !*
azones ,	*dizenier,*	*mozette ,*
azote,	*douzaine ,*	*ramazan,*
azur,	*gazotte,*	*rizière,*
azyme,	*gazelle,*	*suzerain,*
balzane,	*gazette,*	*syzygie,*
balzan,	*gazon ,*	*vizir ,*
bazar,	*gazouiller ,*	*zizanie,*

et dans les dérivés, comme : *azuré, gazouillement, horizontal*, etc.

283. Le son *z* médial s'écrit *x* dans *deuxième, dixième, sixain, sixième*, et les dérivés.

284. Le son *z* final s'écrit *z* dans *gaz, quartz*.

Les dérivés conservent le *z* : *gazeux, gazomètre*, etc.

Remarque. On écrit : *assez, biez, lez, nez, reces, riz*, bien que dans ces mots la consonne *z* ne se prononce pas.

285. Le son *z* final s'écrit *ze* dans les mots suivants :

alize,	*laize,*	*topaze,*
buze,	*quatorze,*	*trapèze ,*
douze,	*quinze,*	*treize.*
gallinaze ,	*rize,*	
gaze ,	*seize,*	

286. La consonne *z* se redouble dans *lazzi, mezzanine, mezzo-termine, mezzo-tinto , pouzzolane.*

287. Hors des mots indiqués ci-dessus, le son *z* médial s'écrit *s* : *poser, raison*, etc. ; et le son *z* final s'écrit *se* : *rose, muse , fraise*, etc.

DU SON *T*.

288. Le son *t* initial s'écrit *th* dans les mots suivants :

thaumaturge,	*théocratie,*	*thermomètre,*
thé,	*théologie ,*	*thésauriser,*
théâtre,	*théorbe ,*	*thèse ,*
théisme,	*théorie,*	*thlaspi,*
thème,	*thermes,*	*thon.*

Les dérivés et composés conservent *th* : *théorique, théorème , athée ,* etc.

289. Dans les autres mots, le son *t* initial s'écrit *t* : *tomber, trier ,* etc.

290. Le son *t* médial s'écrit *th*,

1° Dans les mots qui finissent par *pathie*, comme : *apathie*, *sympathie*, etc. ; et les dérivés, comme : *apathique*, *sympathique*, etc.

2° Dans les mots qui commencent par *ortho*, comme : *orthographe*, *orthodoxe*, etc.

EXCEPTÉ *ortolan*.

3° Dans les mots suivants :

améthyste,	*diphthongue*,	*mathématique*,
anathème,	*enthousiasme*,	*méthode*,
apothéose,	*épithalame*,	*mythologie*,
apothicaire,	*épithète*,	*panthère*,
arithmétique,	*éther*,	*pathétique*,
athlète,	*gothique*,	*pathos*,
authentique,	*hypothèque*,	*posthume*,
bibliothèque,	*isthme*,	*rhythme*,
cantharide,	*léthargie*,	*sthathouder*,
cathédrale,	*litharge*,	*térébenthine*,
catholique,	*lithographie*,	
cothurne,	*logarithme*,	

et dans les dérivés, comme : *athlétique*, *mythologique*, *léthargique*, etc. ; ainsi que dans certains termes techniques.

291. Dans les autres mots, le son *t* médial s'écrit *t* : *boutique*, *étonnement*, etc.

EXCEPTÉ les cas où la consonne *t* se redouble.

292. Le son *t* final s'écrit *the* dans les mots suivants : *aérolithe*, *absinthe*, *acanthe*, *labyrinthe*, *hyacinthe*, *jacinthe*, *menthe*, *plinthe*.

293. Le même son s'écrit *th* dans : *bismuth*, *luth*, *spath*, *zénith*.

294. *Atte* termine :

baratte,	*flatte* (je),	*natte*,
batte,	*gratte* (il),	*patte*.
chatte,	*jatte*,	
datte (fruit),	*latte*,	

295. *Ate* termine les autres mots : *date* (du mois), *pirate*, *constate* (je).

296. *Éte* termine,

arbalète,   discrète,   poëte,
athlète,   incomplète,   prophète,
comète,   indiscrète,   répète (je),
complète,   inquiète,   replète,
concrète,   interprète,   secrète.
diète,   planète,

297. *Éte* termine,

arête,   fête,   enquête,
bête,   honnête,   tempête,
conquête,   prête,   tête.
crête,   quête,

298. *Ette* termine les autres mots : *amulette*, *banquette*, *muette*, *projette* (je), etc.

299. *Itte* se trouve dans : *fritte*, *quitte* (être), *acquitte* (je), *quitte* (il), *mitte* (vapeur).

300. *Ite* termine les autres mots : *guérite*, *marmite*, etc.

301. *Otte* termine,

1º Les substantifs féminins, comme : *botte*, *carotte*, etc. ; ainsi que les trois adjectifs *huguenotte*, *sotte*, *vieillotte*.

Excepté :

anecdote,   coté (taxe),   matelote,
bergamote,   côte,   note,
capote,   galiote,   pelote,
compote,   gargote,   redingote.

2º Les verbes suivants :

baisotte (il),   décrotte (il),   marmotte (il),
ballotte (je),   frotte (je),   trotte (il).
buvotte (il),   garrotte (il),

302. *Aute* se trouve dans *aéronaute*, *argonaute*, *faute*, *haute*, *saute* (il).

303. *Ote* termine les autres mots : *pilote*, *dévote*, *sanglote* (je), etc.

304. *Utte* se trouve dans *butte*, *hutte*, *lutte*, *gomme-gutte*.

Les dérivés conservent les deux *t* : *lutteur*, *butter*, etc.

305. *Outte* ne se trouve que dans *goutte* (d'eau ou maladie) ; les autres mots finissent par *oute* : *croûte*, *route*, etc.

306. La consonne *t* se redouble,

1° Dans les mots qui commencent par *at*, comme : *attaqué*, *attention*, etc.

EXCEPTÉ :

atelier,	*atmosphère*,	*atrabilaire*,
athée,	*atôme*,	*âtre*,
atlète,	*atour*,	*atroce*.
atlas,	*atout*,	

2° Dans les mots suivants :

fritter,	*littéral*,	*regretter*,
fouetter,	*littérature*,	*sagittaire*,
guetter,	*mettre*,	*sottise*,
guttural,	*nettoyer*,	
lettre,	*pittoresque*,	

et dans les dérivés et composés, comme : *frittier*, *nettoiement*, *commettre*, *permettre*, etc.

DU SON V.

307. Le son *v* initial ou médial s'écrit *v* ; final, il s'écrit *ve* : *vallée*, *vive*, *braver*, *brève*, etc.

308. Le double *w* ne se trouve que dans les mots empruntés des langues étrangères ; l'usage est de le

prononcer comme un *v* simple, excepté dans *wisk* et *wiski*, que l'on prononce *ouisk*, *ouiski*.

DES DOUBLES SONS *KS* ET *GZ*.

309. Au commencement des mots, les doubles sons *ks* et *gz* s'écrivent *x* : *Xélasie*, *Xavier*, etc.

310. Au milieu des mots, les doubles sons *ks*, *gz*, s'écrivent *x* : *examiner*, *exemple*, *vexer*, etc.

1re EXCEPTION.

Dans les mots autres que *annexion*, *complexion*, *connexion*, *flexion*, *fluxion*, et les dérivés, le double son *ks* s'écrit *ct* devant la terminaison *ion* : *diction*, *induction*, *perfection*, etc.

2e EXCEPTION.

Le double son *ks* s'écrit *cc* dans les mots suivants :

accélérer,	*accessoire*,	*succinct*,
accéder,	*accident*,	*succion*,
accent,	*occident*,	*vaccin*,
accepter,	*succéder*,	
accès,	*succès*,	

et les dérivés, comme : *accélération*, *accessible*, *succession*, etc.

3e EXCEPTION.

Quand le double son *ks* est précédé d'un *e* initial et suivi d'une des voyelles *e*, *i*, on l'écrit *xc* : *excellent*, *exciter*, etc.

4e EXCEPTION.

Le double son *ks* s'écrit *cs* dans *tocsin*.

311. Le double son *ks* final s'écrit *xe* : *convexe*, *équinoxe*, *fixe*, etc.

Excepté :

index,	*perplex*,	*sphinx*,
larynx,	*phénix*,	*Styx*,
lynx,	*préfix*,	

et quelques autres noms propres.

DES DEUX SONS REPRÉSENTÉS PAR *CH*.

312. *Ch* représente deux sons : l'un doux, comme dans *chercher* ; l'autre dur (k), comme dans *chrétien*.

313. Initial, médial ou final, *ch* doux est toujours suivi d'une voyelle : *choisir*, *mouchoir*, *recherche*, etc.

314. Voici la liste des mots les plus usités où *ch* représente le son *k* :

Achéloüs,	*Chalcédoine*,	*chorus*,
Achmet,	*chaldéen*,	*chrétien*,
anachronisme,	*chaos*,	*chromatique*,
archange,	*Chéronée*,	*chronique*,
archétype,	*Chersonèse*,	*chronologie*,
archiépiscopal,	*chirographaire*,	*chrysalide*,
archiépiscopat,	*Chloris*,	*Melchisédech*,
archonte,	*chœur*,	*Melchior*,
Bacchus,	*choriste*,	*Michel-Ange*,
catéchumène,	*chorographie*,	*patriarchal*,

et les dérivés, comme : *archontat*, *bacchante*, *christianisme*, etc.

DES SONS REPRÉSENTÉS PAR *GN*.

315. *Gn* initial représente le double son *gue-ne* ; *gnome, gnomon*, etc., se prononcent en conséquence : *guenome*, *guenomon*, etc.

316. *Gn* médial représente le même double son dans les mots suivants :

agnat,   ignée,   *Progné,*
cognat,   imprégnation,   stagnation,
diagnostique,   *inexpugnable,*   régnicole.

317. Dans les noms propres *Clugny*, *Regnard* (auteur comique), et dans *signet*, le *g* est nul ; ainsi l'on prononce : *Cluny*, *Renard*, *sinet*.

318. Dans les autres mots, *gn* représente un son à peu près semblable à celui qui est représenté par *nia*, *nié*, *nion*, *niu* ; mais il est plus pressé et plus indivisible : *magnanime*, *magnétisme*, *rognure*, etc.

Remarquez que *gn* est toujours suivi d'une voyelle ; quand il est final, cette voyelle est un *e* muet : *campagne*, *vigne*, etc.

DU CATALOGUE ...

COURS d'histoire sainte, suivi d'un abrégé ... J.-C. et de l'histoire de l'Église jusqu'à ... l'usage des colléges, petits séminaires, maisons ... cation et écoles primaires, approuvé par ... évêques de Grenoble et de Gap ; in-18.

Voici en quels termes Mgr l'évêque de G... prouvé cet ouvrage :

« Nous avons fait examiner le *Cours* ... soumis à notre approbation. L'auteur de ce ... taire a paru réunir les avantages et éviter ... ceux qui l'ont précédé dans la même carrière ... faits est bien assorti au jeune âge ; l'ordre ... les réflexions, en général fort courtes, sont ... aux besoins et à la capacité de la jeunesse ; ... correct, les divisions et les époques sont bien ... et faciles à retenir.

Voilà ce qui frappe à la première lecture de ... abrégé ; voilà ce qui lui assure la préférence ... autres ouvrages du même genre ; voilà ce qui ... l'approbation que nous lui donnons, d'autant ... tiers que le succès tournera à l'avantage de la ...

En conséquence, nous en recommandons l'... les familles chrétiennes, dans les écoles, maisons ... cation et petits séminaires de notre diocèse. »

L'approbation de Mgr l'évêque de Gap est ... rable.

Cette histoire sainte, imprimée pour la première ... en 1836, compte déjà six éditions. Les améliorations qu'on ... y a faites successivement l'ont généralement ... par tous les établissements d'éducation qui en ont ... connaissance.

Sa division, simplifiée autant que possible, aide ... coup le jeune élève à graver dans sa mémoire la ... faits et de dates que contient ce petit livre. Des tableaux ... synoptiques rattachent ensuite tous les faits ... de l'histoire profane aux faits importants de ... sainte, et dispensent ainsi d'apprendre séparément ... tableau chronologique, dont l'étude est d'une grande ... cheresse, isolée de tout cours d'histoire.

S'adresser, pour l'achat de ce livre, à MM. ... compe, nos successeurs comme libraires.